REISERATGEBER FÜR HUNDEHALTER

Dr. med. vet. Axel Bogitzky

KYNOS VERLAG

© 2002 KYNOS VERLAG
Dr. Dieter Fleig GmbH
Am Remelsbach 30
D-54570 Mürlenbach/Eifel
Telefon: 06594/653
Telefax: 06594/452
Internet: http://www.kynos-verlag.de

Gesamtherstellung: Druckerei Anders, 54595 Prüm

ISBN 3-933228-45-X

Haftungsausschluss: Die Recherche für dieses Buch wurde mit großer Sorgfalt betrieben.Trotzdem kann von Autor und Verlag keine Gewähr für die Angaben übernommen werden. Adressen und Einreisebestimmungen z.B. können sich sehr schnell ändern. Ebenso unterliegt die Medizin einem ständigen Wandel, so dass Verfahren oder Wirkstoffe/Präparate eine neue Bewertung erfahren können. So liegt auch die Verantwortung bei der Anwendung von Erste-Hilfe-Maßnahmen letztlich beim Helfenden. Der Besuch eines Erste-Hilfe-Kurses bzw. eine weitere Beschäftigung mit entsprechender Literatur ist zu empfehlen. Die Angaben zu Adressen, Wirkstoffen, Präparaten etc. sind nicht als Empfehlungen zu verstehen. Die Angebote, Leistungen wie auch die Gestaltung der Produkte liegt im Verantwortungsbereich der Unternehmen und müssen entsprechend selbst überprüft werden. Die einzusetzende Therapie ist im Einzelfall vom Tierarzt individuell festzulegen. Die Wiedergabe von Gebrauchsnamen, Handelsnamen, Warenbezeichnungen usw. in diesem Buch berechtigt auch ohne besondere Kennzeichnung nicht zu der Annahme, dass solche Namen im Sinne der Warenzeichen- und Markenschutzgesetzgebung als frei betrachtet zu wären und daher von jedermann benutzt werden dürften.

Inhaltsverzeichnis

INHALTSVERZEICHNIS

ZU DIESEM BUCH

Der Hund als Tourist - ein häufig noch unterschätztes Thema! 55,2% von über 5000 in einer Umfrage der Ludwig-Maximilians-Universität München erfassten Hunden machten 1985 bis 1995 eine Auslandsreise mit. Bei über 5 Millionen Hunden in Deutschland kann man sich leicht vorstellen, wie viele Hunde jedes Jahr in den Urlaub starten. Und es könnten noch mehr sein. Viele Hundehalter wissen nämlich gar nicht, wie problemlos der Urlaub mit Hund sein kann. Es bedarf nur der richtigen Vorbereitung und Information.

Mit diesem Buch möchte ich die Reiseplanung und -vorbereitung erleichtern und so zu einem schönen Hundeurlaub verhelfen. Dazu gehören:

- Informationen über die Einreise-bestimmungen,
- zur Hundefreundlichkeit verschiedener Urlaubsregionen,
- zu den Anbietern hundefreundlicher Unterkünfte,
- Tipps zur Anreise mit Auto, Bahn, Flugzeug und Fähre sowie zum Aufenthalt am Urlaubsort.

Als Tierarzt habe ich besonderen Wert darauf gelegt, auch die gesundheitlichen Aspekte einer Urlaubsreise ausführlich zu behandeln:

- Was ist bei der Auswahl des Reiseziels zu beachten?
- Wie sieht es z.B. mit der Flugtauglichkeit eines Hundes aus?
- Welche besonderen Gesundheitsge-

fahren können im Urlaub drohen und wie kann ich meinen Hund davor schützen?

- Wie kann ich mir bei leichteren Verletzungen oder Erkrankungen erst einmal selbst helfen? ...

Dabei soll die Auflistung spezieller Krankheitserreger keinesfalls unnötige Ängste schüren oder Urlaubspläne von vornherein vereiteln. Ganz im Gegenteil - richtig informiert lassen sich vielleicht Alternativen zu einem besonders risikoreichen Urlaubsziel finden oder entsprechende Schutzmaßnahmen für den Hund ergreifen, so dass man den Urlaub entspannt genießen kann.

Schöne Urlaubstage wünscht

Dr. A. Bogitzky

Mitnehmen oder zu Hause lassen?

Mitnehmen oder zu Hause lassen? Dies ist für die meisten Hundefreunde gar keine Frage. Den Urlaub als schönste Zeit des Jahres möchte man natürlich zusammen mit dem geliebten Vierbeiner genießen. Aus der Sicht des Hundes gilt dies erst recht. Als Rudeltier nimmt er manche »Unannehmlichkeit« in Kauf, wenn er nur bei Herrchen bzw. Frauchen sein darf. Ein Tapeten-

Sie muss auf ihren ersten Urlaub noch ein wenig warten.

wechsel tut nicht nur uns Menschen gut. Dies trifft selbst auf ältere Hunde zu. Sie brauchen vielleicht ein paar Tage mehr für die Umstellung - doch Abwechslung vom Alltagstrott hält jung!

Bei sorgfältiger Auswahl von Reiseziel und -zeit spricht kaum etwas gegen den Hund als Reisebegleiter. Ausnahmen bilden allerdings hochträchtige Tiere und Welpen der ersten Lebenswochen. Während es bei den Hündinnen keiner weiteren Erklärung bedarf, wird sich vielleicht der eine oder andere fragen, warum man nicht mit dem frisch übernommenen Welpen in den Urlaub fahren sollte. Gleich mehrere Gründe sprechen dagegen:

- Das Abwehrsystem der Welpen ist in den ersten Lebenswochen noch nicht ganz ausgereift, so dass eine erhöhte Infektionsgefahr besteht.
- Nach der Abgabe durch den Züchter brauchen Welpen ausreichend Zeit, um sich erst einmal an ihr neues Zuhause zu gewöhnen.
- Außerdem gestatten einige Länder die Einreise von Welpen gar nicht (Einreise nach Schweden, Norwegen praktisch erst ab 7 Monaten, Großbritannien ab 10 Monaten) bzw. nur mit Sondergenehmigung (Frankreich unter 3 Monaten).

Planen Sie deshalb die Reise so, dass der Welpe erst danach einzieht. Oder verbringen Sie den Urlaub daheim. Keine Sorge, so ein Welpe

lässt keine Langeweile auf-
kommen!

Alter oder chronische Er-
krankungen müssen hingegen
kein Hinderungsgrund für
eine gemeinsame Urlaubsreise
sein. Nach einem Gesund-
heits-Check beim Tierarzt lassen sich geeignete Reiseziele
und -zeiten auswählen.

Hinsichtlich der Urlaubs-
aktivitäten sollte es kaum
Probleme geben. Mit ein wenig Phantasie lässt sich der
Urlaub so gestalten, dass
Mensch und Hund gleicher-
maßen Spaß daran haben.
Selbst der so genannte Aktiv-
urlaub bleibt nicht allein großen, sportlichen Hunden vorbehalten. So sprechen z.B.
kurze Dackelbeine nicht gegen ausgedehnte Fahrradtouren. Schließlich gibt es Fahr-
radkörbe, in denen es sich der
Hund nach angemessenem
Laufpensum bequem machen
kann. Und kann der Hund bei
einer Skiabfahrt nicht dabei sein, so
muss er nicht unbedingt traurig im
Hotelzimmer sitzen. Mancherorts wird
für diese Fälle ein Tiersitter-Service
angeboten.

Machen jedoch private oder beruf-
liche Verpflichtungen eine hundege-
rechte Reiseplanung unmöglich, so
muss der Hund vielleicht auch einmal
zu Hause bleiben. Dann sollte man
sich früh genug um eine gute Unter-
bringungsmöglichkeit kümmern. Trotz
eventuellem Trennungsschmerz ist

*Hohes Alter ist noch lange kein Grund, auf
einen Urlaub zu verzichten.*

solch eine Lösung für den Hund wohl
besser, als ihm z.B. für den Kurztrip
nach Übersee einen langen Flug im
Frachtraum zuzumuten.

Kann der Hund nicht bei Verwand-
ten, Bekannten oder dem Züchter
unterkommen, so bleiben noch die
Angebote von Tiersittern, Tierpensio-
nen oder Hundehotels. Hier findet sich
für jeden Geschmack etwas, von der
einfachen Pension mit Familienan-
schluss bis zum »First-class«-Hunde-
hotel.

WAHL DES URLAUBSORTES
UND DER UNTERKUNFT

Rasse, Temperament und
Gesundheit des Hundes bilden
die Grundlage für die Auswahl
des Urlaubsortes und der Art
der Unterkunft: Ein Siberian Husky
wird sich im Winterurlaub wohler fühlen als im Hochsommer am Mittel-
meerstrand. Für einen jungen, ungestümen Hund empfiehlt sich das gemeinsame Frühstück in der Ferienwohnung,
weil er allein gelassen im Hotelzimmer einigen Schaden anrichten kann
und einem herzkranken Hund wird
man keinen Flug oder Aufenthalt im
Hochgebirge zumuten.

*Wenn Hund und Herrchen das Fernweh
packt ...*

Ferienregion
Die richtige Wahl des Ferien-
ortes trägt viel zum Gelingen
des Urlaubs bei. Hierzu kön-
nen Sie folgende Kriterien heranziehen:

Anreisemöglichkeiten
Je weniger Strapazen auf der Anreise,
desto eher lässt sich der Urlaub genießen. Dabei ist es jedoch von Hund zu
Hund recht unterschiedlich, was als
Strapaze empfunden wird. Für den
einen mag ein kurzer Flug selbst im
Frachtraum angenehmer als eine lange
Autofahrt oder Schiffsreise sein. Bei
anderen ist es vielleicht genau umgekehrt. Intercontinental-Flüge im
Frachtraum können jedoch allein
schon wegen der fehlenden Kontroll-
möglichkeit nicht für den normalen
Urlaub empfohlen werden. Auf die
USA, Kanada oder Australien wird
u.a. schon deshalb in diesem Buch
nicht weiter eingegangen. Sie sind
aber ohnehin nicht das bevorzugte
Reiseziel von Hundetouristen. Ist die
Mitnahme des Hundes dorthin - z.B.
bei mehrmonatigen Aufenthalten - notwendig, bedarf dies genauer Vorbereitung und Abstimmung mit den Fluggesellschaften (siehe hinten).

Einreisebestimmungen
Besonders Besitzer so genannter
»Kampfhunderassen« sollten sich
diese Bestimmungen genau anschauen.
Einige Länder (Niederlande, Däne-
mark, Norwegen, Frankreich, Ungarn,

Großbritannien) weisen bestimmte Rassen rigoros zurück. Von den seitens mancher Länder geforderten Quarantänen (Irland) oder umständlichen Verfahren (GB, Norwegen, Schweden) sind hingegen alle Hundebesitzer betroffen. Sie erfordern einiges an Vorbereitung, ein Last-Minute-Urlaub ist unmöglich.

Klima
Dies ist eines der wichtigsten Kriterien bei der Wahl des Urlaubsziels, gerade wenn es sich um einen älteren oder chronisch kranken Hund handelt. Dabei ist jedoch die Reisezeit zu berücksichtigen. Im Hochsommer ist der Mittelmeerraum sicher nicht das Richtige für herzkranke Hunde. Anders sieht es schon in den restlichen Jahreszeiten aus. Das Urlaubsklima muss aber nicht nur als Risikofaktor gesehen werden. Ganz im Gegenteil! Ein Urlaub an der Nordsee kann bei Atemwegs-Problemen helfen. Die Flucht in den sonnigen Süden raus aus dem nasskalten Winterwetter tut manchem arthrosegeplagten Hund gut. Für solche Fragen ist der Tierarzt der richtige Ansprechpartner.

Infektionsgefahren
Es ist ein Trugschluss zu meinen, dass besondere Infektionsgefahren nur in fernen, exotischen Ländern drohen. Auch in einigen der europäischen Urlaubsländer kann sich der Hund mit gefährlichen Krankheitserregern wie den Babesien, Leishmanien oder Herzwürmern anstecken. Solche ursprünglich im Mittelmeerraum heimischen

Erreger erobern im Zuge des gestiegenen Reiseverkehrs, klimatischer Veränderungen und anderer Faktoren sogar zunehmend nördlichere Regionen. Der durch Zecken übertragene Blutparasit Babesia canis findet sich mittlerweile selbst in Deutschland (Schwarzwald, Regensburg und München). Genauere Angaben zu diesen »Mittelmeerkrankheiten« finden Sie hinten im Buch. Da sich deren Verbreitungsgebiete ständig ändern können, sollten Sie sich noch einmal vor der Reise beim Tierarzt über die aktuelle Situation erkundigen. Man muss ja nicht unbedingt in ein »Hochrisiko-Gebiet« fahren, wenn es weniger gefährliche Alternativen gibt. Richtig informiert lassen sich zumindest Vorsorgemaßnahmen treffen, um dem Hund den größtmöglichen Schutz zu bieten.

»Hundefreundlichkeit«
Dieses Kriterium zielt auf die Einschränkungen ab, mit denen ein Hundehalter im Urlaub rechnen muss, z.B. Probleme beim Besuch von Restaurants, Benutzung öffentlicher Verkehrsmittel, Maulkorb- oder Leinenpflicht zu bestimmten Gelegenheiten. Dieser Begriff wurde aber ganz bewusst in Anführungsstriche gesetzt, da gewisse Auflagen ja nicht gleich bedeuten müssen, dass man Hunde dort generell nicht mag. In süd- und osteuropäischen Ländern werden Hunde zwar häufig eher als Beschützer von Haus und Hof denn als Begleitung beim Restaurantbesuch gesehen. Trotzdem macht man sich es mit der pau-

Wir müssen draussen bleiben

schalen Angabe eines Nord-Süd- bzw. Ostgefälles im Punkte »Hundefreundlichkeit« zu einfach. So kann es nicht nur in Portugal oder Griechenland Probleme bereiten, ein geeignetes Restaurant zu finden. Auch hoch oben im Norden, in Skandinavien, ist der Restaurantbesuch mit Hund nicht üblich.

Selbst Angaben zu einzelnen Ländern können nur einen ersten Anhaltspunkt liefern. Entscheidend ist schließlich, wie streng nationale Regelungen am Urlaubsort selbst gehandhabt werden. Gerade in Tourismuszentren ist man häufig gegenüber Urlaubern mit Hund recht tolerant. Vielerorts hat man sie als lohnende Einnahmequelle erkannt. Dies geht bis hin zu speziellen Angeboten wie Hundeloipen, Hundestrände und Hundesitter-Service.

Vorbehaltlich der oben beschriebenen Einschränkungen sollen einige Besonderheiten verschiedener Reiseländer aufgeführt werden:

Von den nordischen Ländern gilt **Dänemark** als das »hundefreundlichste«. Es bereitet kaum Probleme, den Hund mit ins Restaurant oder mit an

den Strand zu nehmen. Nur an wenigen Stränden herrscht ein Hundeverbot. Vom 1. Oktober bis 31. März ist sogar die Leinenpflicht an den Stränden aufgehoben. Ansonsten gilt nach dem dänischen Hundegesetz Leinenpflicht und zwar auch in Waldgebieten. Eine dänische Besonderheit sind die Hundewälder. Dies sind kleinere abgegrenzte Wälder, in denen Hunde frei laufen dürfen. Dänemark bietet ein besonders großes Angebot an Ferienhäusern, was für einen Urlaub mit Hund ideal ist. Dabei ist jedoch zu beachten, dass es in den nordischen Ländern nicht unbedingt üblich ist, die z.T. großen Grundstücke einzuzäunen. Die nordischen Länder sind für ihren weitreichenden Allergikerschutz bekannt. In öffentlichen Einrichtungen und Verkehrsmitteln können einzelne Bereiche für Tiere tabu sein. So sind Hunde nicht in allen Abteilen von Zügen zugelassen (Allergikerabteile). Einreisebeschränkungen bestehen für bestimmte Rassen (s. Seite 98 ff). In allen Informationsbroschüren wird ausdrücklich darauf hingewiesen, dass Hinterlassenschaften des Hundes zu beseitigen sind.

Die unvergleichliche Landschaft der skandinavischen Halbinsel, Natur pur, soweit das Auge reicht, dies macht **Norwegen, Schweden und Finnland** zu einem verlockenden Reiseziel. Vor allem Ferienhaus- oder Wohnmobilurlaube sind dort sehr beliebt. Allerdings muss man als Hundetourist mit einigen Einschränkungen rechnen. Eine Reise nach Norwegen und Schweden erfordert trotz der gelockerten Einreisevorschriften immer noch einiges an Vorbereitung. Für Schweden muss eine Einreisegenehmigung beantragt, für beide zumindest bei einer Ersteinreise Blutuntersuchungen hinsichtlich des Tollwutschutzes beigebracht werden. Bestimmte Rassen dürfen in Norwegen gar nicht einreisen (s. Seite 103). Offiziell herrscht in Skandinavien Leinenpflicht. In der freien Natur ist dies aber in Schweden auf den Zeitraum vom 1. Mai bis zum 1. Oktober beschränkt. Ähnliche Vorschriften scheinen auch in Finnland zu gelten, obwohl die finnische Botschaft eine generelle Leinen- oder Maulkorbpflicht verneint. Hinsichtlich des Hygienebewusstseins und des Allergikerschutzes gilt das schon bei Dänemark Gesagte. Darüber hinaus muss man sich jedoch darauf einstellen, dass aus gemeinsamen Restaurantbesuchen nichts wird. Skandinavien-Fans reizt aber wohl auch eher die Möglichkeit tagelanger Wanderungen in abgeschiedener Natur.

Deutschland gilt trotz der Kampfhundediskussion und deren Folgen immer noch als hundefreundliches Reiseziel. Restaurantbesuche, Unterkunftssuche, Benutzung öffentlicher

© *Interessengemeinschaft Deutscher Hundehalter e. V.*

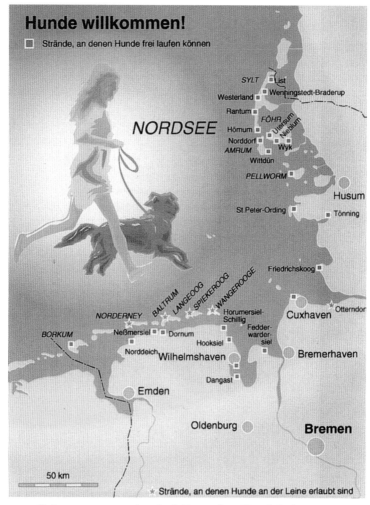

Hunde willkommen!

☐ Strände, an denen Hunde frei laufen können

SYLT · List
Westerland · · Wenningstedt-Braderup
Rantum ·
FÖHR
NORDSEE · Hörnum · Utersum · Nieblum
Norddorf · · Wyk
AMRUM · Wittdün
PELLWORM ·
Husum
St.Peter-Ording · · Tönning

Friedrichskoog ·

BALTRUM · LANGEOOG · SPIEKEROOG · WANGEROOGE
NORDERNEY · Horumersiel-Schillig · Cuxhaven · Otterndor
BORKUM · Neßmersiel · · Dornum · Fedder-warder-siel
Hooksiel ·
Norddeich · Wilhelmshaven · Bremerhaven
Dangast ·
Emden ·

Oldenburg · **Bremen**

50 km

★ Strände, an denen Hunde an der Leine erlaubt sind

© *Interessengemeinschaft Deutscher Hundehalter e. V.*

Verkehrsmittel bereiten mit den meisten Hunderassen kaum Probleme. Eine generelle Leinen- oder Maulkorbpflicht besteht nicht. In der freien Natur sollte sich der Hund aber nicht zu weit vom Besitzer aufhalten. Sonst könnte er der Wilderei verdächtigt und von Jägern aufs Korn genommen werden. Tollwutsperrbezirke, Schonzeiten des Wildes und regionale Vorschriften können eine Leinenpflicht vorsehen. An Nord- und Ostsee bieten sich für Hunde viele Gelegenheiten für einen »Strandurlaub«. Die Bestimmungen, ob und mit welchen Auflagen Hunde an den Strand dürfen, sind recht unterschiedlich. Einen Überblick über die deutschen Hundestrände bieten die abgebildeten Grafiken der Interessengemeinschaft deutscher Hundehalter e.V.. Detaillierte Informationen kann man über die lokalen Fremdenverkehrsvereine bekommen, oft schon mit einfachen Klicks über das Internet.

Die tragischen Vorfälle im Mai 2000 mit der anschließend geführten Kampfhundediskussion haben nicht nur für Halter solcher Rassen Folgen gehabt. Auch Besitzer anderer (großer) Rassen bekamen zunehmend Vorbehalte zu spüren. Auflagen wie Leinen- und Maulkorbpflicht sind in den einzelnen Landeshundeverordnungen u.a. anhand von Rasselisten geregelt. Allerdings verschärften einzelne Bundesländer dabei auch die Bedingungen für andere Hunde. So gilt nun z.B. in Brandenburg und Berlin eine generelle Leinenpflicht, ebenso wie einige Auflagen für so genannte 20/40 Hunde (ab 20 kg/40 cm Höhe) in Nordrhein-Westfalen.

Ein Urlaub in den **Benelux-Ländern** stellt Hundebesitzer in der Regel vor keine großen Probleme. Hunde werden fast überall toleriert. Leinenpflicht ist zwar vorgeschrieben, wird vielerorts aber locker gehandhabt. Ausnahme bilden »Kampfhunderassen«, denen z.B. in vielen Gemeinden Belgiens Maulkorbzwang auferlegt wurde. Einreisebeschränkungen bestehen bisher nur für Pit Bullterrier in den Niederlanden. Ob, wie und wann Hunde die Nordseestrände besuchen dürfen, ist so unterschiedlich geregelt, dass man sich jeweils über die lokalen

Verhältnisse informieren muss.

Die Alpenländer **Schweiz und Österreich** gehören sicherlich mit zu den beliebtesten Reisezielen für Hundebesitzer. Obwohl die Schweiz mit lediglich 10% »Hundehaushalten« hinter anderen Ländern zurückbleibt, gibt es vielfältige Angebote für die Vierbeiner: Hundetoiletten an den Rastplätzen, Hundeloipen, ein General-Abonnement für vielfahrende Hunde in öffentlichen Verkehrsmitteln .... Es besteht keine nationale Leinen- oder Maulkorbpflicht, aber in Waldgebieten wird das Anlegen der Leine vorausgesetzt. Bei einer Reise nach Österreich sind indessen Leine und Maulkorb unbedingt mitzuführen, da diese in vielen Regionen bzw. in öffentlichen Verkehrsmitteln Pflicht sind. Auch in Österreich gibt es mittlerweile ein größeres Angebot an Hundeloipen. Eine aktuelle Liste bekommt man bei der Österreich Tourismus Information.

Aus den Fürstentümern Europas, **Liechtenstein und Andorra**, werden keine generellen Einschränkungen oder besonderen Vorschriften für Hundetouristen berichtet. Nach Auskunft des **Monaco**-Informationszentrums ist die Leine Pflicht. Am Strand werden Hunde nicht geduldet. Bei den Einreisebestimmungen orientiert man sich an den Nachbarländern, im Falle von Andorra und Monaco an Frankreich, von Liechtenstein an der Schweiz.

Die Franzosen gelten als ein sehr hundefreundliches Volk. Mit knapp 38% Hundehaushalten liegen sie mit an der Spitze der europäischen »Hundeländer«. Die Franzosen sind es gewohnt, ihre Hunde fast überall hin mitzunehmen, so dass der Urlaub in **Frankreich** recht unkompliziert ist. Allerdings werden Hunde an verschiedenen Stränden der Atlantik- oder der Mittelmeerküste nicht so gerne gesehen. Einzelnen »Kampfhunderassen« wird die Einreise verweigert (s. Seite 98 ff.). Im Gegensatz hierzu muss man auf der iberischen Halbinsel, den Ländern **Spanien** und **Portugal**, mit erheblichen Einschränkungen rechnen. An vielen Stränden herrscht Hundeverbot, in Restaurants werden Hunde nur ungern gesehen, im öffentlichen Nahverkehr werden sie entweder gar nicht oder nur bis zu einer bestimmten Größe und zudem in einer Tasche mitgenommen. In **Spanien** herrscht allgemeine Leinen-, offiziell auch Maulkorbpflicht. In **Portugal** ist es ähnlich. Etwas besser sieht es unter Umständen in den Tourismuszentren, z.B. auf den Balearen oder Kanarischen Inseln, aus. Eine kurze Liste mit hundefreundlichen Unterkünften wird vom portugiesischen Fremdenverkehrsbüro versandt.

Seit Februar 2000 verzichtet **Großbritannien** im Rahmen eines Pilotprojektes auf die sechsmonatige Quarantäne, wenn man verschiedene Auflagen erfüllt. Diese sind vor allem bei der Ersteinreise sehr umfangreich (u.a. Tollwutschutz-Blutuntersuchung) und verlangen eine monatelange Vorlaufzeit. Seit dem Februar 2000 haben bis August 2001 immerhin 25.971 Hunde von der neuen Reisefreiheit Gebrauch gemacht. Bestimmte Rassen dürfen jedoch nicht auf die britischen Inseln (s. Seite 98 ff.). Die **Republik Irland** belässt es zwar noch bei ihrer Quarantänevorschrift für die direkte Einreise. Sie schließt sich aber dem Pilotprojekt an, indem sie eine Einreise via Großbritannien oder Nordirland gestattet. Großbritannien und Irland sind somit erst seit kurzem als Reiseland für Hundehalter interessant geworden, Erfahrungsberichte noch Mangelware. Die britische Touristikzentrale bietet neben umfangreichen Angaben zu den Einreisebestimmungen auch einige Informationen zum Urlaub mit dem Hund in Großbritannien: In den meisten Geschäften, Tea Shops und Restaurants sind Hunde nicht gerne gesehen. Angeleinte, »gut erzogene« Hunde werden in Zügen und im lokalen Nahverkehr (Bus und U-Bahn) normalerweise problemlos befördert. Zwischen Ostern und dem 1. Oktober gilt an vielen britischen Stränden Hundeverbot. An den Strandpromenaden soll es hingegen wenig Einschränkungen geben. Ein Katalog mit über 1500 tierfreundlichen Unterkünften ist unter dem Titel »Petfriendly places to stay 2002« erhältlich (deutsche Bezugsadresse s. Seite 112).

In Irland herrscht in öffentlichen Bereichen Leinenpflicht. Die irische Botschaft weist auch auf eine Maulkorbpflicht für bestimmte Rassen wie z.B. Rottweiler und Dobermann hin. Im öffentlichen Nahverkehr und in Restaurants sind Hunde nicht erlaubt.

In **Italien** wird immer wieder ein Nord-Süd-Gefälle in Sachen »Hundefreundlichkeit« beschrieben. Unterkunftssuche und Restaurantbesuche sind im Norden kein Problem, im Süden hingegen kann es schwierig werden. Aus eigener Erfahrung an den oberitalienischen Seen kann ich bestätigen, dass Hunden dort sehr wohlwollend begegnet wird. Bei einer Reise nach Italien sind auf jeden Fall Leine und Maulkorb mitzunehmen. In öffentlichen Verkehrsmitteln ist der Maulkorb vielfach vorgeschrieben, muss zumindest auf Verlangen angelegt werden. Bezüglich der Strände muss man sich jeweils nach den lokalen Bestimmungen erkundigen. Speziell ausgewiesene Hundestrände gibt es nur wenige. Das italienische Fremdenverkehrsamt Enit weist auf die Hundestrände von Albisola Marina (Ligurien), Bau Beach von Maccarese (Latium) und andere nicht näher benannte in Rimini und Riccione (Emilia Romagna) hin.

Viele der **ost- bzw. südosteuropäischen Länder** gehören nicht zu den Hauptreisegebieten für Hundebesitzer. So liegen bisher nur wenige Erfahrungsberichte vor. Auch von den meisten Fremdenverkehrsbüros bzw. Botschaften sind nur wenig hunderelevante Informationen zu bekommen, die über die reinen Einreiseformalitäten hinausgehen. Auf jeden Fall ist die Mitnahme von Leine und Maulkorb empfehlenswert. Meist besteht wie z.B. in der tschechischen Republik eine

generelle Leinenpflicht, zu bestimmten Gelegenheiten wie in öffentlichen Verkehrsmitteln auch Maulkorbvorschrift. Ein Aufenthalt von mehr als 30 Tagen erfordert bei der **tschechischen und der slowakischen Republik** eine Einfuhrgenehmigung. Nach **Ungarn** dürfen bestimmte »Kampfhunde«-Rassen nicht einreisen. Es soll aber Ausnahmen für kastrierte Tiere geben. Nach Auskunft des ungarischen Tourismusamtes herrscht an öffentlichen Plätzen

Hier sind Gäste mit Hunden offensichtlich willkommen.

Leinenpflicht, in öffentlichen Verkehrsmitteln Maulkorbzwang. Baden im Balaton und Velence-See ist Hunden untersagt. In **Slowenien** gilt auf öffentlichen Plätzen Leinenpflicht, in öffentlichen Verkehrsmitteln Maulkorbzwang. Zu den meisten Geschäften, öffentlichen Einrichtungen und Restaurants haben Hunde keinen Zutritt.

Bei aller Gastfreundschaft gilt **Griechenland** als nicht besonders hundefreundlich. Die griechische Zentrale für Fremdenverkehr spricht von einem eher distanzierten Verhältnis zu Hunden. Es ist nicht üblich, Hunde mit ins Restaurant zu nehmen. Im öffentlichen Nahverkehr werden Hunde gar nicht, in Taxen selten mitgenommen. Im Zug müssen kleine Hunde in einer Tasche/Käfig, große Hunde mit Leine und Maulkorb im Gepäckwaggon reisen. Überlandbusse nehmen nur kleine Hunde, und zwar im Gepäckfach mit. In Griechenland herrscht zwar keine gesetzliche Leinen- oder Maulkorbpflicht, es wird jedoch empfohlen, den Hund an der Leine zu halten.

Unterkunftsarten

Hotel/Pension

Auch wenn viele Hotels/Pensionen in Prospekten mit dem Hundesymbol signalisieren »Hunde erlaubt«, gilt es einiges zu beachten. Geben Sie bei der Buchung unbedingt den Hund an und kontrollieren Sie, ob er auf der Buchungsbestätigung tatsächlich aufgeführt ist. Für einen Hotelaufenthalt sollte der Hund ein Minimum an Benimmregeln beherrschen. Dauernde Bellkonzerte oder das Hochspringen an anderen Hotelgästen wird kein Hotelier lange tolerieren. Der Frühstücksraum ist selbst in hundefreundlichen Hotels häufig für Hunde tabu. Der Hund sollte deshalb daran gewöhnt sein, zumindest kurzfristig allein im Zimmer zu bleiben. Bedenken Sie dabei auch, dass dies die Zeit ist, in der das Hotelpersonal die Zimmer aufräumt. Ein Zettel an der Tür mit der Aufschrift »Vorsicht, Hund im Zimmer!« (Übersetzungen Seite 104 ff.) kann Missgeschicken vorbeugen. Ohne solche Warnung kann der Hund leicht einmal aus dem Zimmer entwischen oder das Zimmermädchen einen gehörigen Schrecken bekommen, wenn es plötzlich einem großen Hund in die Augen schaut.

Ferienwohnung/-haus

Der Aufenthalt in Ferienwohnungen oder -häusern gestaltet sich weitaus unkomplizierter. Es gibt keine Probleme wegen des Frühstücksraums und als Selbstversorger ist man nicht auf hundefreundliche Restaurants angewiesen. Besondere Freiheiten gewähren abgeschlossene Wohneinheiten mit eigenem Garten. Erkundigen Sie sich aber genau, ob es sich dabei um hundesichere Einzäunungen oder nur um eine Sichtschutz-Hecke handelt.

Bauernhof

Ferien auf dem Bauernhof können für Hundehalter eine reizvolle Urlaubsvariante sein. Doch nicht jeder Hund eignet sich hierfür. Hunde mit ausgeprägtem Jagdtrieb können die hofeige-

nen Hühner, Kaninchen oder andere Kleintiere ständig in Aufruhr versetzen. Zudem ist die Frage nach dem Hofhund obligatorisch. Dies sind meist recht verträgliche Exemplare, doch wenn der eigene Hund schlecht auf andere Rüden zu sprechen ist, könnte dies größere Probleme heraufbeschwören.

Camping
Campingurlaub erfreut sich auch unter Hundebesitzern wachsender Beliebtheit, sei es nun im Zelt oder im komfortablen Wohnmobil. Man darf sich aber nicht zu viel Freiheiten von dieser Reiseform versprechen. Sicherlich ist man unabhängig von hundefreundlichen Restaurants. Doch längst nicht alle Campingplätze heißen Hunde willkommen. Wildes Campen ist nur in wenigen Ländern erlaubt, mancherorts wird

allerdings das Campen vor den Toren der Plätze toleriert. Das gerade zur Hochsaison recht enge Miteinander auf Campingplätzen erfordert einige Rücksichtnahme. Leinenpflicht ist meist obligatorisch, schon allein weil der Zeltnachbar nicht durch Reviermarkierungen überrascht werden möchte.

Informationsquellen
Wo bekommt man - über dieses Buch hinaus - Information über Hundestrände, -loipen, hundefreundliche Hotels etc.? Im Prospektmaterial der nationalen Fremdenverkehrsbüros wird selten ausführlich auf die Fragen der Hundehalter eingegangen. Es enthält jedoch meist Adressen örtlicher Fremdenverkehrsvereine, Reedereien und Freizeiteinrichtungen, so dass man einen ortsansässigen Ansprechpartner finden

kann. Bei einer Direktbuchung der Unterkunft lassen sich Fragen zu den örtlichen Gegebenheiten noch am einfachsten klären. Darüber hinaus können die Reiseberichte in den Hundemagazinen einige Anregungen bieten. Diese Zeitschriften geben zur Urlaubszeit auch den einen oder anderen Reisetipp und bieten über Serviceseiten (per Faxabruf oder Internet) aktuelle Urlaubsinformationen. Zusätzlich hat der Deutsche Tierschutzbund e.V. von Mitte Mai bis September eine Urlaubsberatungs-Telefonnummer geschaltet, die auch Hilfe bei der Vermittlung einer geeigneten Unterbringung verspricht, sollte der Hund einmal daheim bleiben müssen.

Die Suche nach hundefreundlichen Ferienunterkünften kann etwas mühsam werden, muss man in den Katalogen der Reiseveranstalter, Hotel- oder Campingführern nach dem Hundesymbol Ausschau halten. Und dann gilt es häufig noch herauszufinden, ob dieses »Hunde erlaubt«-Zeichen eher »Hunde geduldet« als »Hunde willkommen« bedeutet! Die großen Touristikkonzerne haben anscheinend die Hundebesitzer als Zielgruppe noch nicht entdeckt. In den meisten Katalogen sucht man vergebens nach besonderer Information für Hundebesitzer.

Ein breites Angebot für Hundehalter findet man bei der Firma Novasol, die Ferienhäuser in Dänemark, Skandinavien und Mitteleuropa vermittelt. Eine ganze Reihe von Häusern sind in den Katalogen als besonders hundegerecht ausgewiesen. Dies bedeutet ein mindestens 1000 qm² großes Grundstück, auf dem kein angelegter Garten den Bewegungsdrang des Hundes behindert. Im Haus sind Informationen zu den lokalen Hundebestimmungen sowie die Adresse des nächsten Tierarztes ausgelegt. Für Hunde werden keine Extrakosten berechnet. Bei Buchungen in Dänemark oder Skandinavien gehört auch ein spezielles »Fähren-Ticket« mit zu den Reiseunterlagen, ebenso wie Urlaubsbroschüren mit Reisetipps rund um den Hunde-Urlaub in den nordischen Ländern. Auch einige andere Reiseagenturen widmen sich mittlerweile dem Thema Hundetourismus. Die italienische Agentur Per immagini & emozioni bietet in einem umfangreichen Katalog hundefreundliche Ferienwohnungen und -häuser in Italien und Kroatien an. Ab 2002 ist sogar ein kostenloser Futterservice geplant. Dazu kann man eine Hunde-Krankenversicherung abschließen, die auch einen 24h-Notruf mit Informationen zur nächsten dienstbereiten Tierarztpraxis einschließt.

Andere Reiseunternehmen verraten schon durch die Namen ihre Ausrichtung auf Urlauber mit Hund: Flughund Reisen, Dog & Holiday, Traveldog, Hund und Reisen, Ferien-mit-Hund.de, hundeurlaub.de... Am einfachsten sind sie über das Internet zu finden. Sie bieten ihren Service - bis auf wenige Ausnahmen - aber nicht nur online an. Teilweise ist der Bestand an Unterkünften noch gering, das Angebot wird aber ständig erweitert. Je nach Anbieter findet man hier neben hunderelevanten Informationen zu den Unterkünften auch allgemeine Reiseinformationen, Erfahrungsberichte, Hilfestellung bei der Urlaubsplanung oder eine Haustier-Reisekrankenversicherung. Wer seine Unterkunft lieber direkt bucht, der kann in den umfangreichen Anzeigenteilen der Hundezeitschriften, im Internet oder in einem der Hotelführer für Hundehalter stöbern. Spezielle Verzeichnisse, Bücher zu hundefreundlichen Unterkünften gibt es z.B. für Deutschland, die Schweiz, Österreich, Südtirol und Großbritannien. In Planung befinden sich Ausgaben für Skandinavien und Belgien/Holland. Angaben und Adressen zu den angesprochenen Informationsquellen finden Sie auf Seite 112.

Mit »Kampfhunden« auf Reisen

Für Besitzer von so genannten Kampfhunderassen ist es nicht erst seit der deutschen Kampfhundediskussion im Jahre 2000 schwierig geworden, Reisepläne zu schmieden. Andere Länder haben sich schon früher mit diesem Thema auseinandergesetzt und Bestimmungen für den Reiseverkehr erlassen. Je nach Land wird bestimmten Rassen die Einreise verweigert. Frankreich geht einen eigenen Weg, unterscheidet zwischen so genannten Kampfhunden und Schutz-/Wachhunden. So gelten z.B. Tosa-ähnliche Tiere ohne Zuchtbuchnachweis als Kampfhunde, deren Einreise ausgeschlossen ist. Tosa mit einem Eintrag in ein amtlich anerkanntes Stammbuch hingegen werden zu den Schutz- und Wachhunden gezählt, die mit Leine und Maulkorb einreisen dürfen (Details s. Seite 98 ff.). Der

Abstammungsnachweis gehört sicherheitshalber auch bei Reisen in andere Länder ins Gepäck. Man erspart sich manches Missverständnis. Sonst könnte z.B. der in den Niederlanden erlaubte American Staffordshire Terrier als verbotener Pit Bullterrier eingestuft werden.

In Deutschland trat im April 2001 das Gesetz zum Schutz vor gefährlichen Hunden in Kraft. In Artikel 1 wird die Einfuhr und das Verbringen von Pit Bullterriern, Staffordshire Bullterriern, American Staffordshire Terriern und Bullterriern nach Deutschland untersagt. Im Zuge von angekündigten Rechtsverordnungen sollen aber Ausnahmen zugelassen werden. Dies betrifft Dienst- und Behindertenbegleithunde, die Wiedereinreise von deutschen Hunden (soweit sie die Auflagen erfüllen) und den Aufenthalt von ausländischen Hunden bis zu 4 Wochen. Man muss abwarten, wie diese als Übergangslösung bereits angewandten Regelungen letztendlich aussehen werden.

Mit einem Pit Bullterrier kann man sich in Europa kaum noch frei bewegen. Die Einreise bleibt mit ihm in den Niederlanden, Frankreich, Norwegen, Dänemark, Großbritannien und somit auch Irland verwehrt. Direkt darauf folgt der Tosa Inu (Dänemark, Norwegen, Ungarn, Frankreich/ohne Abstammungsnachweis, Großbritannien/ Irland), der Fila Brasileiro und der Dogo Argentino (Norwegen, Ungarn, Großbritannien/Irland), und der American Staffordshire Terrier und Staffordshire Bullterrier (Ungarn,

Frankreich/ohne Abstammungsnachweis). Darüber hinaus zählt Frankreich Mastiff-ähnliche Hunde ohne Abstammungsnachweis als so genannte Boerbulls zu den verbotenen Hunden. Ungarn listet weitere Rassen auf: Bullterrier, Bullmastiff, Bordeaux-Dogge und Bandog. Nach Auskunft des ungarischen Tourismusamtes sollen aber bei kastrierten Hunden Ausnahmen möglich sein.

Doch selbst wenn ein Land die Einreise gestattet, kann man am Urlaubsort mit mehr oder weniger restriktiven Auflagen konfrontiert werden. In Belgien gibt es beispielsweise (noch) keine nationalen Beschränkungen für Kampfhunde. Viele Gemeinden und Bürgermeister haben jedoch strenge Auflagen erlassen. Ähnliches gilt z.B. in Spanien. Auch in Deutschland müssen Halter entsprechender Rassen mit allerlei Einschränkungen rechnen. Die Deutsche Bahn AG verweigert gleich 14 Rassen die Beförderung. Bei einer Reise quer durch Deutschland sollte man als Besitzer einer als gefährlich eingestuften Rasse am besten die komplette Sammlung

der Landeshundeverordnungen dabei haben. Anfang 2002 präsentieren sich die Bestimmungen immer noch sehr unterschiedlich. Die meisten Bundesländer orientieren sich bei ihren Auflagen an Rassenlisten, die aber ganz unterschiedlich ausfallen. So gilt für einen Kangal in dem einen Bundesland Maulkorbzwang, im anderen nicht. In einigen Bundesländern kann ein Listenhund von dieser Auflage durch einen Wesenstest befreit werden, in anderen nicht. Wie und wann letztendlich eine Harmonisierung der verschiedenen Verordnungen zustande kommt, bleibt abzuwarten.

Zum Schluss noch ein kleiner Tipp: Die Grenzen innerhalb Europas werden zwar immer durchlässiger, fehlende Grenzkontrollen sollten aber nicht dazu verleiten, sich über die angesprochenen Einreiseverbote einfach hinweg zu setzen. Auch einheimische Hunde der entsprechenden Rassen unterliegen strengen Auflagen. Kontrollen sind deshalb jederzeit möglich. Verstöße werden in vielen Ländern nicht als Kavaliersdelikt behandelt!

REISE-
VORBEREITUNGEN

Eine Urlaubsreise mit Hund erfordert einige Vorbereitungen, möchte man nicht unangenehme Überraschungen erleben. Der vergessene Futternapf lässt sich noch ohne weiteres am Urlaubsort ersetzen, das fehlende Gesundheitszeugnis an der Grenze aber nicht. Checklisten helfen, nicht den Überblick zu verlieren.

Man ist oft erstaunt, was da alles zusammen kommt, vor allem wenn Urlaubsländer auf umfangreichen Einreiseformalitäten bestehen. Das fängt im einfachsten Fall mit dem Nachweis einer Tollwutimpfung an, geht über weitere Impfungen, ein haustierärztliches oder sogar amtstierärztliches Gesundheitszeugnis und endet bei den umfangreichen Bestimmungen, die Großbritannien, Schweden und Norwegen erlassen haben. Auf jeden Fall sollte man sich frühzeitig um die Einreisevorschriften kümmern. Auch wenn nur die Tollwutimpfung vorgeschrieben ist, so muss diese in der Regel mindestens 30 Tage vor der Einreise durchgeführt worden sein. Bei einer ersten Reise nach Schweden, Norwegen oder auf die britischen Inseln sollten Sie schon über ein halbes Jahr vorher den Tierarzt aufsuchen. Diese Länder schreiben bestimmte Wartezeiten in Zusammenhang mit den geforderten Blutuntersuchungen (Tollwutschutz) vor. Diese beträgt bei Großbritannien auf jeden

Reisegepäck für den Hund

- ☐ Futter- und Wassernapf
- ☐ Unterlage (Decke, Kissen oder Körbchen)
- ☐ Leine und Halsband mit Adressen-Anhänger
- ☐ Reiseapotheke
- ☐ Impfausweis, Gesundheitszeugnisse, Haftpflicht- bzw. Krankenversicherungsnummer und weitere für das jeweilige Land benötigte Papiere
- ☐ Kamm, Bürste, Handtuch und andere Körperpflege-Utensilien
- ☐ Lieblingsspielzeug
- ☐ Maulkorb, falls notwendig
- ☐ Futtervorrat, falls notwendig
- ☐ Besondere Transporthilfen wie z.B. Sicherheitsgurte fürs Auto, Transportbox oder Tragetasche für Flugzeug oder Bahn
- ☐ Reiseproviant (vor allem ausreichend Wasser!)
- ☐ Hundepfeife
- ☐ Kotentsorgungsbeutel

Nicht überall, wie hier auf Sylt, werden kostenlose Kotentsorgungsbeutel zur Verfügung gestellt. Deshalb gehören sie mit in das Reisegepäck.

Fall 6 Monate, bei den skandinavischen Ländern können es je nach Impfzustand des Tieres auch leicht einige Monate werden. Dabei sind mögliche Verzögerungen durch Engpässe in den Laboren oder auf dem Postweg noch gar nicht eingerechnet. Einzelheiten hierzu finden Sie auf Seite 98 ff..

Ein **frühzeitiger Besuch beim Tierarzt** empfiehlt sich auch bei anderen Reisezielen. Von ihm erfahren Sie die aktuellen Einreisebestimmungen und Gesundheitsrisiken am ausgewählten Urlaubsort. Basierend auf diesen Informationen können Sie dann die nächsten Schritte planen, ohne Gefahr zu laufen, Fristen für die vorgeschriebenen Impfungen, Gesundheitszeugnisse und andere Nachweise zu versäumen. Ihr Haustierarzt kann Ihnen darüber hinaus die Adresse des nächsten Amtsveterinärs geben, falls ein amtstierärztliches Gesundheitszeugnis verlangt wird. Auch für die Vorsorgemaßnahmen gegen besondere Urlaubs-Krankheitserreger sollte genügend Zeit eingeplant werden, da diese rechtzeitig

Reisevorbereitung für den Hund

- ☐ Frühzeitiger Tierarzt-Besuch:
  - • eingehende Gesundheitsüberprüfung
  - • aktuelle Informationen zu Einreisebestimmungen und besonderen Gesundheitsgefahren (Fristen von Impfungen, Gesundheitszeugnissen sowie genügend Zeit für Vorsorgemaßnahmen bei besonderen Infektionsgefahren einplanen)
  - • Reiseapotheke zusammenstellen
  - • Kennzeichnung des Hundes durch Mikrochip?
  - • Läufigkeit im Urlaub zu erwarten?
- ☐ Haftpflicht- und Reisekrankenversicherung?
  gegebenenfalls:
- ☐ Futterumstellung auf leicht zu handhabendes Reisefutter
- ☐ Maulkorbtraining
- ☐ Training für ungewohnte Situationen bei der Anreise (z.B. Gewöhnung an Transportboxen)

begonnen und Präparate evtl. erst im Ausland besorgt werden müssen.

Wichtiger Bestandteil des Tierarztbesuches ist eine **eingehende Untersuchung des Gesundheitszustandes.** Viele Hundehalter nutzen diesen Termin für den jährlichen »Check-up« und die Auffrischung des Impfschutzes. Hierzu gehört u.a. eine kurze allgemeine klinische Untersuchung. Darüber hinaus lässt sich auf besondere gesundheitliche Anforderungen einer Urlaubsreise eingehen. So erfordert ein feucht-heißes Klima ein stabiles Herz-Kreislaufsystem, das der Tierarzt wenn nötig mit Methoden wie EKG oder Ultraschall genauer überprüfen kann.

Wieso ist es so wichtig, dass der Hund fit in den Urlaub fährt? Reisestress und Klimaveränderung belasten den Organismus und können die Abwehrkräfte herabsetzen. So können Infektionen und andere Krankheiten, die der Körper unter optimalen Bedingungen zu unterdrücken vermag, leichter zum Ausbruch kommen. Solche verdeckten Gesundheitsstörungen gilt es bei der Untersuchung herauszufinden und noch vor dem Urlaub zu behandeln. Ein frühzeitiger Gesundheits-Check ist auch deshalb anzuraten, da nur gesunde Hunde geimpft werden sollten. Selbst eine kleinere, banale Infektion kann ansonsten schnell den ganzen Zeitplan über den Haufen werfen.

Am Urlaubsort muss sich der Körper mit allerlei fremden Keimen auseinandersetzen. Deshalb gehören Vorsorgemaßnahmen zu einer optimalen

Gerade bei älteren Hunden empfiehlt sich ein kurzer Gesundheits-Check vor dem Urlaub.

Urlaubsvorbereitung. Bei den Impfungen sollten Sie nicht nur auf den vorgeschriebenen Tollwutschutz achten. Auch die anderen »**Standardimpfungen**« wie die gegen Staupe, Hepatitis, Leptospirose und Parvovirose sind nicht zu vernachlässigen. In einigen Urlaubsgebieten sorgen allein schon die vielen (ungeimpften) verwilderten Hunde für einen erhöhten Infektionsdruck. Eine Impfung kurz vor der Abreise ist ungünstig, nicht nur bei vorgeschriebenen Wartezeiten seitens der Einreisevorschriften. Der Hundeorga-

Krankheit	Hauptverbreitung Europa	Überträger	Prophylaxemöglichkeiten*
Borreliose	europaweit	Zecken, vor allem Holzbock	Zeckenprophylaxe, Impfung
FSME	bestimmte Gebiete in Mittel- u. Osteuropa	Zecken, vor allem Holzbock	Zeckenprophylaxe
Hepatozoonose	vor allem Südeuropa	Zecken, vor allem Braune Hundezecke	Zeckenprophylaxe
Ehrlichiosen	europaweit, je nach Art vor allem Südeuropa	Braune Hundezecke, evtl. auch Holzbock	Zeckenprophylaxe, (Medikamente)
Babesiose	vor allem Südeuropa, aber auch Schweiz, Ungarn, Süddeutschland	Braune Hundezecke, Auwaldzecke	Zeckenprophylaxe, (Impfung, Medikamente)
Herzwürmer	vor allem Südeuropa, aber auch Schweiz	Mücken	Allg. Mückenschutz, Mittel gegen Erreger - z.B. Spot-on oder Tabletten
Leishmaniose	vor allem Südeuropa	Sandmücken	Allg. Mückenschutz, Mittel speziell gegen Sandmücken - z.B. Halsbänder

* ( ) kein in Deutschland zugelassenes Präparat bzw. kein Routineverfahren - Einzelheiten und Möglichkeit eines Einsatzes mit dem Tierarzt zu besprechen.

nismus sollte nämlich ein paar Tage Zeit haben, einen guten Schutz aufzubauen, bevor er sich mit Reisestress und Klimawechsel auseinander setzt.

Allerdings kann man das Abwehrsystem mit Impfungen nur gegen einzelne Erreger gezielt trainieren. Der unspezifischere Teil des Abwehrsystems lässt sich darüber hinaus kurzfristig mit so genannten Paramunitätsinducern anregen.

Wurmkuren gegen Magen-Darm-Würmer werden generell vor Impfungen empfohlen, um deren Wirkung zu verbessern. Doch selbst wenn keine Impfung fällig ist, sollte der Hund wurmfrei in den Urlaub starten. Im Gegensatz zu Impfungen bewahren die üblichen Wurmkuren den Hund allerdings nicht vor einer Neuansteckung im Urlaub. Neuere Wirkstoffe, die u.a. auch zur Prophylaxe der Herzwurmerkrankung eingesetzt werden, versprechen eine Schutzwirkung von bis zu vier Wochen zumindest gegen bestimmte Magen-Darm-Wurmarten.

Besondere Infektionsgefahren in Urlaubsgebieten (Leishmanien, Babesien, Borrelien, Ehrlichien oder Dirofilarien) erfordern auch **besondere Vorsorgemaßnahmen** (Einzelheiten siehe S. 28 und 65 ff.). Da diese Krankheitserreger über Zecken oder blutsaugende Insekten übertragen werden, ergibt sich ein mehrstufiges Maßnahmenpaket. Als erstes gilt es einfache Verhaltensregeln zu befolgen, die einen Kontakt zu den Zecken und Insekten (Tageszeiten, Spaziergänge und Schlafgelegenheiten gezielt aussuchen) vermeiden helfen.

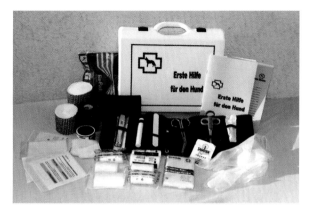

Beispiel eines sinnvoll zusammengestellten Erste-Hilfe-Koffers für Hunde, der um entsprechende Medikamente ergänzt zur kompletten Reise- bzw. Hausapotheke wird.

Darüber hinaus kommen zecken- und insektentötende Mittel zur Anwendung. Aus der Vielzahl der Wirkstoffe und Anwendungsarten (Sprays, Halsbänder, Auftropflösungen ...) wird der Tierarzt das für den Einzelfall geeignetste heraussuchen. Bei einigen Krankheiten besteht zudem die Möglichkeit, direkt gegen die Erreger gerichtete Impfungen oder Medikamente prophylaktisch einzusetzen. Solche Präparate müssen oft erst im Ausland besorgt werden und sind z.T. auch mit einigen Nebenwirkungen behaftet. Man muss also im Einzelfall Infektionsgefahr, Nebenwirkungen und Kosten gegeneinander abwägen.

Unverzichtbar ist die **Reiseapotheke** für den Hund. Gerade auf Reisen ist es von Vorteil, wenn man sich bei kleineren oder größeren »Wehweh-

Fit in den Urlaub

☐ Frühzeitiger Gesundheits-Check
☐ Vorsorgemaßnahmen:
- Auffrischung des Impfschutzes (nicht nur der vom Urlaubsland vorgeschriebenen Impfungen) einschließlich Wurmkur
- Evtl. Stimulierung des unspezifischen Abwehrsystems durch Paramunitätsinducer
- Zecken- und Insektenprophylaxe und darüber hinausgehende Vorsorgemaßnahmen bei besonderen Infektionsgefahren

chen« erst einmal selbst helfen kann. Deshalb sollte eine Reiseapotheke nicht nur Medikamente, sondern auch verschiedene Verbandstoffe und Hilfsmittel wie z.B. ein Thermometer, eine Zeckenzange oder eine Kühlkompresse beinhalten. Man kann sie sich komplett vom Tierarzt zusammenstellen lassen oder einen Erste-Hilfe-Koffer für Hunde mit Medikamenten ergänzen. Aber Vorsicht, nicht alle im Handel angebotenen Koffer und Taschen sind wirklich gut auf die Anatomie und Bedürfnisse des Hundes abgestimmt. Schauen Sie sich die verschiedenen Angebote genau an. Mit solch einem Koffer entfällt das lästige Zusammensuchen vor jeder Reise, alles rund um die Gesundheit des Hundes ist an einem Platz und im Notfall sofort zur Hand. Und dies ist ja nicht nur im Urlaub hilfreich. Auch in der übrigen Zeit des Jahres kann eine derartige Ausrüstung als Hausapotheke von großem Nutzen sein.

Sinnvolle Bestandteile einer Reiseapotheke:

Verbandstoffe: Sterile Wundauflagen, Fixierbinden, Verbandpäckchen, Polsterwatte und Heftpflasterstreifen.

Hilfsmittel: Digital-Thermometer, Pinzette, Verbandschere, Zeckenzange, Tabletteneingeber, Einmalspritzen, Spatel und kleine Stabtaschenlampe, Rettungsdecke, Kühlkompresse, Einmalhandschuhe, Hand-Desinfektionstuch, Vliestücher, Maulbinde.

Medikamente: sterile physiologische Kochsalzlösung bzw. Augenspüllösung, antiseptische Salbe (z.B. Polyvidonjod), Wund- und Heilsalbe (z.B.

Dexpanthenol), medizinische Aktivkohle (Vergiftungen), Elektrolytpulver und Präparate zur Regulation der Darmflora, -motorik (Durchfallerkrankungen) sowie die speziellen Medikamente, die der Hund evtl. ständig braucht;
- je nach Urlaubszeit und Anreise auch: Mittel gegen Reisekrankheit/Seekrankheit, Sonnencreme, Vaseline - zum Schutz der Pfoten im Schnee.

Sonstiges: Erste-Hilfe-Ratgeber, kleine Gürteltasche - um die wichtigsten Utensilien für eine vorläufige Wundabdeckung auch auf Spaziergängen mitnehmen zu können.

Eine gute **Kennzeichnung** ist wichtig, falls der Hund im Urlaub einmal verloren geht. Das einfachste Mittel ist der Adressenanhänger am Halsband. Vergessen Sie aber nicht, darauf auch die Telefonnummer der Urlaubsadresse anzugeben. Da solche Anhänger leicht abhanden kommen, ist eine weitergehende Kennzeichnung des Tieres ratsam. Dies wird von einigen Ländern ohnehin gefordert, um die einreisenden Tiere sicher identifizieren zu können. Durch eine Tätowierung im Ohr oder einen Mikrochip unter der Haut erhält der Hund eine Nummer, die zusammen mit den Besitzerangaben in einem der Haustierregister gespeichert werden kann. Es gibt mittlerweile eine ganze Reihe solcher nationalen und internationalen Datenbanken (s. Seite 113). Für die Registrierung wird eine kleine Grundgebühr verlangt, manchmal ist sie auch kostenfrei. Die Tätowierung, mit der Rassehunde schon seit langem versehen

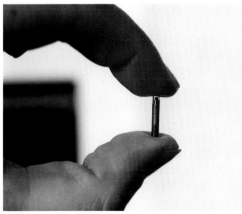

So winzig sind die Mikrochips.

Mit solchen Lesegeräten lässt sich die Kennzeichnungs-nummer sicher abrufen.

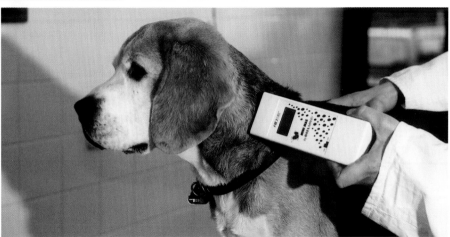

werden, besitzt einige Nachteile: Die Vergabe der Nummern ist nicht einheitlich geregelt, Doppelvergaben nur innerhalb der einzelnen Zuchtverbände ausgeschlossen. Außer bei Welpen unter zwei Wochen ist die Prozedur nur unter Narkose gestattet. Und schließlich lässt die Qualität der Tätowierungen oft zu wünschen übrig. Manche Nummer ist kaum zu entziffern. In diesen Punkten ist die neuere Mikrochip-Methode deutlich überlegen. Hierbei wird ein winziger Mikrochip unsichtbar unter die Haut des Halses injiziert. Dies geht schnell und schmerzlos. Bei fehlender oder unleserlicher Tätowierung kann solch eine Kennzeichnung problemlos beim Urlaubs-Tierarztbesuch erledigt werden. Der Chip hat eine 15-stellige Nummer gespeichert, die weltweit einmalig ist und anhand der ersten Ziffern schon das Herkunftsland des Tieres verrät. Allerdings ist zum Ablesen ein spezielles Lesegerät notwendig. Nachdem anfangs noch mit unterschiedlichen Systemen gearbeitet wurde, hat man nun das Ableseverfahren standardisiert, so dass nur noch ein Universal-Lesegerät gebraucht wird. Diese sind bei Tierheimen, Tierärzten und anderen Stellen, wo Fundtiere in der Regel landen, weit verbreitet. Allerdings kann es gerade bei Mikrochips der ersten Generation zu Problemen an Grenzstationen kommen, wenn keine passenden Lesegeräte vor Ort sind. Hierüber sollte man sich vorher genau informieren.

Auf jeden Fall sollten Sie ein aktuelles Foto des Hundes mit auf die Reise nehmen. Es ist von unschätzbarem Vorteil, wenn Sie Suchplakate mit Kopien des Bildes versehen können. Ein Foto sagt mehr aus als alle Beschreibungen!

Hündinnen werden zwar nur ein- bis zweimal im Jahr läufig, trotzdem lässt es sich nicht immer verhindern, dass eine **Läufigkeit** genau in die Reisezeit fällt. Dies kann dann einige Probleme bereiten, nicht so sehr wegen der damit verbundenen Blutung, sondern durch ihre Anziehungskraft auf die Rüden der ganzen Umgebung. Dies kann schon im Hotel zu einiger Unruhe führen, haben andere Hotelgäste Rüden dabei. In Gebieten mit vielen streunenden Hunden ist es mit dem entspannten Spaziergang auf der Strandpromenade schnell vorbei, wenn man sich dauernd gegen die Annäherungsversuche der angelockten Rüden zur Wehr setzen muss. Grundsätzlich ist zwar eine Verschiebung, ja selbst die Unterbrechung einer gerade eingetretenen Läufigkeit möglich. Solche Eingriffe in den Hormonhaushalt sind aber mit einigen Risiken verbunden. Vor allem bei beginnender Läufigkeit können die eingesetzten Gestagene zu Veränderungen der Gebärmutterschleimhaut bis hin zur eitrigen Gebärmutterentzündung (Pyometra) führen. Deshalb wird empfohlen, eine derartige Behandlung mindestens vier Wochen vor der erwarteten Läufigkeit durchzuführen.

Eine bevorstehende Urlaubsreise ist eine gute Gelegenheit, einmal über den **Versicherungsschutz** rund um den Hund nachzudenken. Eine Hundehalter-Haftpflichtversicherung ist in Deutschland je nach Bundesland nur bei den als gefährlich eingestuften Rassen vorgeschrieben. Sie kann aber jedem Hundehalter empfohlen werden. Die zerkratzte Hotelzimmertür oder das bei freudiger Begrüßung zerrissene Kleidungsstück eines Besuchers mögen noch aus eigener Tasche zu bezahlen sein. Doch wenn der Hund beim ungestümen Überqueren der Straße einen Verkehrsunfall verursacht, können die Kosten schnell den eigenen finanziellen Rahmen sprengen. Dabei spielt es nach deutschem Recht auch keine Rolle, inwieweit Sie selbst ein Verschulden trifft. Nach § 833 BGB haften Sie als Halter für alle materiellen Schäden, die Ihr Hund verursacht (einzige Ausnahme bilden beruflich eingesetzte Hunde). Tierhalter-Haftpflichtversicherungen haben viele Gesellschaften in ihrem Programm. Die unterschiedlichen Beiträge, Leistungen und Bedingungen machen ein intensives Studium der Angebote unumgänglich. Auslandsaufenthalte bis zu mehreren Wochen sollten eingeschlossen sein. Angesichts des oben angesprochenen Verkehrsunfallszenarios darf man nicht an der Deckungssumme sparen. Die Zeitschrift Finanztest empfahl anlässlich eines Tests im Oktober 2001 eine Mindestdeckungssumme von 5 Millionen DM. Bei dieser Untersuchung wurden die Angebote von 70 Versicherungsgesellschaften verglichen. Die Prämienunterschiede waren beträchtlich, betrugen bis zu 100%. Probleme können bei den als gefährlich eingestuften Rassen auftreten. Obwohl hier die Versicherung z.T. vorgeschrieben ist, werden sie oft gar nicht oder nur mit beträchtlichen Aufschlägen versichert.

Über diese Haftpflichtversicherungen hinaus bieten nur wenige Gesellschaften Versicherungen für den Hund an. Die Uelzener Versicherungen bieten neben Haftpflicht- und Lebensversicherung eine Operationskostenversicherung an, die eine Reise ins europäische Ausland bis zu 8 Wochen einschließt. Die Agila Haustier-Krankenversicherung AG bietet neben der Haftpflicht eine Krankenversicherung für Hunde an, die ebenfalls einen zweimonatigen Auslandsaufenthalt in Europa abdeckt. Darüber hinaus hat sie eine spezielle Reiseversicherung im Programm, die weltweiten Schutz verspricht und eine Reiserücktrittsversicherung beinhaltet. So bleibt man nicht auf den gesamten Kosten sitzen, wenn man wegen einer Erkrankung

des Hundes die teure Pauschalreise nicht antreten kann. Bei der Recherche zu diesem Buch fanden sich weitere Versicherungsangebote, die jeweils an andere Leistungen gekoppelt sind. So kann man bei der Ärzteflugambulanz in Österreich eine Hunde-Reiseversicherung (Krankheit, Rücktransport und Haftpflicht) abschließen, wenn man selbst schon Inhaber einer Reiseschutzkarte ist. Bei der Buchung einer Unterkunft über die italienische Reiseagentur Per immagini & emozioni kann auch gleichzeitig eine Hundekrankenversicherung abgeschlossen werden.

Abrupte **Futterwechsel** während des Urlaubs führen oft zu Magen-Darm-Störungen, die nachhaltig die Urlaubsfreude trüben können. Bereiten Sie normalerweise das Futter für Ihren Hund selbst zu und könnte dies im Urlaub evtl. nicht möglich sein, so sollten Sie das Futter frühzeitig auf ein Reisefutter umstellen. Am besten wählen Sie ein gut verträgliches Trockenfutter aus. Es verdirbt bei sommerlichen Temperaturen nicht so schnell. Zudem besteht Dosenfutter, das so genannte Feuchtfutter, bis zu 80% aus Wasser. Dies bedeutet zusätzliches Gewicht im Reisegepäck. Zur Umstellung wird dem alten Futter schrittweise etwas des neuen beigemischt. Über Tage steigert man diesen Anteil so weit, bis es das alte Futter ganz ersetzt hat. So kann sich die Darmflora problemlos an die neue Nahrung gewöhnen.

Ist im Urlaubsland zu bestimmten Gelegenheiten (z.B. in öffentlichen

Verkehrsmitteln) ein **Maulkorb** vorgeschrieben, so sollten Sie den Hund früh genug daran gewöhnen. Die wenigsten Hunde akzeptieren auf Anhieb solch ungewohnten »Kopfschmuck«. Bei der Auswahl des Maulkorbes ist vor allem darauf zu achten, dass die Atmung nicht beeinträchtigt wird und der Hund ausreichend hecheln (Temperaturregulation) kann. Nylonausführungen in Manschettenform sind eher für den kurzzeitigen Einsatz gedacht - z.B. bei Untersuchungen - und sollten nicht längere Zeit angelegt bleiben.

Eine Bahn- oder Flugreise kann für Hunde einen Aufenthalt in **speziellen Transportbehältnissen** bedeuten. Manche Fluggesellschaften bieten am Flughafen Transportboxen zum Kauf an. Es ist aber nicht ratsam, Hunde am Abreisetag einfach in solch ungewohnte Behälter zu sperren. Besser auch als der leichtfertige Griff zu einem Beruhigungsmittel ist es, den Hund frühzeitig mit diesen Boxen vertraut zu machen. Viele Hunde nehmen die offenstehende Box recht schnell als Ruhe- oder Schlafplatz an, insbesondere wenn man diese durch Leckerbissen oder die Lieblingsdecke attraktiver macht. Dann bereitet auch das Schließen der Tür keine weiteren Probleme. Auf diese Weise lassen sich die Belastungen eines derartigen Transport, wenn man ihn seinem Hund überhaupt zumuten möchte, etwas verringern.

So fällt es leicht, sich an die Transportbox zu gewöhnen.

ANREISE

Fährschiffe

Die Bedingungen, zu denen Hunde auf Fährschiffen transportiert werden, sind recht verschieden. Dabei ist es weniger eine Frage, ob es sich nun um das Mittelmeer oder die Nord- und Ostsee handelt. Die unterschiedlichen Auflagen der einzelnen Reedereien reichen von einem Verbleib im Auto oder in speziellen Zwingern über die Duldung auf dem Autodeck bis hin zum problemlosen Aufenthalt im Passagierbereich. Es lohnt sich, verschiedene Angebote nicht nur hinsichtlich der Reisekosten zu vergleichen. Wenn nicht schon die Reiseagenturen helfen können, so erkundigt man sich am besten direkt bei den Reedereien. Adressen finden

sich z.B. in dem Informationsmaterial der Fremdenverkehrsbüros. Vertrauen Sie nicht auf angekündigte Hundetoiletten an Bord. Ein längerer Spaziergang vor dem Ablegen ist auf jeden Fall einzuplanen. Wie wir Menschen sind auch Hunde nicht vor »Seekrankheit« gefeit. Schon deshalb sollte der Hund einige Stunden vorher nichts mehr zu fressen bekommen (Wasser aber zur freien Verfügung!). Die ungewohnten Schaukelbewegungen, gerade bei höherem Seegang, können das Gleichgewichtsorgan im Innenohr reizen und zu Schwindel und Brechreiz führen. Besorgen Sie sich vorsichtshalber beim Tierarzt entsprechende Tabletten. Vor allem die so genannten H_1 - Anti-

Bei Reiseunternehmen wie Novasol gehört solch ein »Ticket« mit zu den Reiseunterlagen.

Zum Glück wird schon einmal ein Auge zugedrückt hinsichtlich der Vorschriften, Hunde die ganze Flugzeit lang in einer verschlossenen Tasche zu halten.

histaminika werden eingesetzt, um diese Symptome zu lindern. Als Nebenwirkung muss man bei den meisten Präparaten eine gewisse Schläfrigkeit in Kauf nehmen.

Flugzeug

Flugreisen sind bei Hundehaltern nicht so beliebt, werden Hunde doch ab einem bestimmten Gewicht in den Frachtraum verbannt. Egal, ob in der Passagierkabine oder im Frachtraum, auf eine kurze Überprüfung der Flugtauglichkeit durch den Tierarzt sollten Sie nicht verzichten. Im Allgemeinen wird der Luftdruck in der Kabine auf 1500 bis 2500 Meter über dem Meeresspiegel eingestellt. Dies beeinträchtigt die Sauerstoffversorgung des Organismus. Einem gesunden Körper bereitet das keine Probleme. Unentdeckte Gesundheitsstörungen, insbe-sondere von Lunge, Herz und Kreislauf gilt es aber vom Tierarzt ausschließen zu lassen. Die Druckunterschiede bei Start und Landung führen zu dem bekannten Gefühl des Drucks auf den Ohren. Über die Eustachische Röhre, einer Verbindung zwischen Rachen und Mittelohr, lässt sich schnell ein Druckausgleich durchführen, indem man die Nase zuhält und die Wangen aufbläst. Hilft der Hund nicht schon durch ein herzhaftes Gähnen selbst dem Druckausgleich nach, so können Sie ihm auch einen Kauknochen o.ä. anbieten. Vorsicht ist bei Erkältungskrankheiten geboten, die von stärkeren Schwellungen der Schleimhäute begleitet sind. Hier kann es zu Störungen des Druckausgleiches kommen. Auch andere Krankheiten sollten vor einem Flug durch den Tierarzt ausgeschlossen werden. Manche

Fluggesellschaften verlangen ohnehin ein tierärztliches Gesundheitszeugnis. Nach bestandenem Tierarzt-Check bereitet die Reise in der Passagierkabine in der Regel wenig Probleme. Schließlich steht der Hund die ganze Zeit unter Aufsicht und kann zur Not beruhigt werden. Die meisten Fluggesellschaften schreiben zwar vor, dass Hunde die ganze Flugzeit über in einem verschlossenen (!) Transportbehältnis bleiben müssen. Zum Glück sind aber die meisten Flugbegleitungen in dieser Hinsicht sehr tolerant. Die Klimaanlagen an Bord verursachen eine sehr trockene Luft, die Schleimhäute schnell trocken werden lässt. Bei längeren Flügen sollten Sie Ihrem Hund ein wenig Wasser gönnen, soweit dies die Flugbegleitung zulässt.

Vor einer Flugreise sollte der Hund schon einige Stunden nichts mehr zu fressen bekommen, Wasser aber weiterhin zur freien Verfügung haben. Unmittelbar vor der Abfertigung ist ein längerer Spaziergang angebracht, um dem Hund die Gelegenheit zu geben, noch einmal Blase und Darm zu entleeren. Wichtig ist eine frühzeitige Buchung, da pro Flug nur eine gewisse Anzahl von Hunden zugelassen ist. Lassen Sie sich die Anmeldung des Hundes schriftlich bestätigen.

Grundsätzlich können Hunde als Handgepäck in der Passagierkabine, als Gepäck im Frachtraum der gleichen Maschine oder als Fracht auch in einem anderen Flugzeug transportiert werden. Vorschriften zum Lufttransport von Tieren finden sich in den »live animal regulations« der International Air Traffic Association (IATA). Hinsichtlich der Gewichtsgrenze, bis zu der Hunde mit in der Passagierkabine reisen dürfen, der Anforderung an die vorgeschriebenen Transportbehältnisse und der Berechnungsgrundlage des Flugpreises gibt es von Fluggesellschaft zu Fluggesellschaft größere Unterschiede. So kann Hunden z.B. auf Langstreckenflügen der Zutritt zum Passagierabteil ganz verwehrt bleiben (z.B. LTU). Ansonsten liegen die Gewichtsgrenzen zwischen 5 bis 10 kg (einschließlich Transportbehältnis). Ausnahmen bilden Blinden- oder Gehörlosen-Führhunde. Sie dürfen in der Regel unabhängig von ihrer Größe mit in der Passagierkabine reisen.

Die Abmessungen des Transportbehältnisses für die Kabine darf im Allgemeinen die des Handgepäcks nicht überschreiten und beträgt z.B. bei Condor bis 55x40x20 cm. Es muss belüftet, auslaufsicher sein und sollte zwischen die Sitzreihen bzw. sogar unter den Vordersitz passen. Solche Transporttaschen gibt es im Fachhandel und teilweise auch bei den Fluggesellschaften. Bei der Berechnung des Flugpreises wird häufig zwischen Kabine und Frachtraum, aber auch evtl. zwischen nationalem und internationalem Flug unterschieden. Das Spektrum reicht vom Freiflug im Inland in der Kabine (z.B. Lufthansa) über einen Übergepäckzuschlag bei Überschreitung der Freigepäckgrenze (z.B. LTU) bis hin zu einem in jedem Fall erhobenen Flugpreis pro kg (z.B. SAS). Durch die niedrigen Gewichtsgrenzen werden die meisten Hunde mit dem

Frachtraum vorlieb nehmen müssen. Dies aber lehnen viele Hundebesitzer ab, weil sie nicht genau wissen, was ihren Liebling dort erwartet. Und in der Tat war es bei der Recherche zu diesem Buch recht schwierig, nähere Angaben zu den Verhältnissen in den Frachträumen zu bekommen. Egal ob im Reisebüro, am Abfertigungsschalter, auf telefonische bzw. schriftliche Anfragen oder auf den Internetseiten der Gesellschaften, bestenfalls erhielt man die sehr allgemeine Angabe von »druckregulierten, temperierten und beleuchteten Frachtabteilen«. Bei der Lufthansa Cargo war schließlich zu erfahren, dass konkrete Angaben deshalb schwierig seien, weil dies von den einzelnen Flugzeugtypen abhinge. Die Druckverhältnisse seien in der Regel ähnlich der in der Kabine, Unterschiede gäbe es vor allem hinsichtlich der Temperaturregelung. Dies sei aber bereits berücksichtigt, wenn ein Flugzeug auf einer bestimmten Strecke für den Transport von Tieren von der Fluggesellschaft zugelassen würde. Für konkrete Angaben müsse man sich jeweils nach dem auf der anvisierten Flugstrecke eingesetzten Flugzeugtyp erkundigen. Sicherlich werden die Fluggesellschaften für Bedingungen sorgen, die nicht per se den Hunden schaden. Wie jedoch der einzelne Hund auf die ungewohnten Geräusche, Gerüche und Druckveränderungen reagiert, lässt sich schlecht vorhersehen. Das größte Manko bei dem Flug im Transportkompartiment ist ja schließlich, dass man den Zustand des Hundes während des Fluges

nicht mehr überprüfen kann. Neben der körperlichen Fitness spielt dementsprechend auch die psychische Belastbarkeit des Hundes eine große Rolle. Exemplare, die sich auch sonst durch nichts erschüttern lassen, werden sicher weniger Probleme haben als Hunde, die ohne ihren Besitzer schnell einmal in helle Aufregung geraten. Der Einsatz von Beruhigungsmitteln ist sehr umstritten, weil sich deren Effekt während des Fluges nicht mehr kontrollieren lässt. In den »live animal regulations« der IATA wird zudem ausdrücklich vor der Anwendung solcher Mittel gewarnt, weil sich deren Wirkung auf Flughöhe von der am Boden deutlich unterscheiden kann. Wenn man sich dennoch zu einem Transport im Laderaum entschließt, ist auf eine kurze Flugzeit zu achten, möglichst ein Direktflug zu wählen. Auf jeden Fall sollte der Hund ausreichend Gelegenheit haben, sich an die Transportbox zu gewöhnen (siehe Seite 34). Je vertrauter die Box ist,

Überlaufsicherer Wassernapf

desto leichter wird der Hund die ungewohnten Eindrücke eines Fluges verkraften. Auch für diese Behälter gibt es Vorschriften. Es werden im Allgemeinen Hartplastikboxen verlangt, dreiseitig belüftet, ausbruch- und auslaufsicher. Der Hund muss darin aufrecht stehen und sich umdrehen können. Vergessen Sie nicht, eine gut lesbare, wasserfeste Beschriftung anzubringen. »Oben/unten, Vorsicht lebende Tiere, Name des Hundes, Adresse, Flugnummer und Flugziel« sind das Minimum. Den Boden sollten Sie mit einer rutschhemmenden Matte auslegen. Der Lieblingskauknochen o.ä. kann den Hund beschäftigen und beim Druckausgleich helfen. Er muss aber so beschaffen sein, dass der Hund keinesfalls Stücke abbeißen und sich daran verschlucken kann. Probleme kann die Wasserversorgung bereiten. Herkömmliche Wasserbehälter schwappen meist schon beim Einladen über. Der Trick mit den Eiswürfeln scheitert, wenn der Hund diese in der Aufregung schon bei Start verschlingt. Günstiger sind da die neuen Hundenäpfe, die durch ein Innenteil mit Ventilmechanismus ein Überschwappen wirkungsvoll verhindern. Man muss sie lediglich sicher am Boden befestigen, damit sie nicht ganz auf dem Kopf landen.

Eisenbahn

Bahnfahrten vertragen Hunde in der Regel gut. Größtes Problem ist das »Gassigehen« auf längeren Strecken. Aus eigener Erfahrung mit Autoreisezügen kann ich berichten, dass angegebene Stopps nicht unbedingt an einem Bahnsteig erfolgen und somit Ausstiegsgelegenheit bieten. Doch selbst dann ist es fraglich, ob sich für den Hund genügend Zeit und der rechte Ort für seine »Geschäfte« findet. Deshalb gilt auch bei dieser Reiseart, dem Hund einige Stunden vor der Abreise nichts mehr zu fressen zu geben (Wasser aber zur freien Verfügung) und ihm vorher noch einen längeren Spaziergang zu gewähren.

Nachtfahrten bieten gleich mehrere Vorteile: Während der Nachtruhe wird es durch den gewohnten Tag-Nacht-Rhythmus weniger Probleme mit Blase oder Darm geben. Zudem muss man sich bei den eingeschränkten Platzverhältnissen im Abteil keine Sorgen wegen des Bewegungsdrangs aktiver Hunde machen. Preise und Bestimmungen müssen Sie für die jeweilige Bahnreise erfragen. Es bestehen nicht nur Unterschiede zwischen den einzelnen Ländern, sondern auch hinsichtlich der verschiedenen Züge. Im Allgemeinen fahren kleine Hunde in der Transportbox oder -tasche gratis mit, für größere wird der halbe Fahrpreis der 2. Klasse fällig. Eine Leine ist obligatorisch. Dies ist angesichts des regen Treibens auf Bahnhöfen mit all den ein- und ausfahrenden Zügen ohnehin angebracht. In vielen Ländern sollten Sie sicherheitshalber einen Maulkorb dabei haben. Er muss zumindest auf Verlangen des Zugpersonals angelegt werden. Das Zugrestaurant ist für Hunde tabu, Schlaf- bzw. Liegewagenabteile müssen in der Regel komplett gebucht werden. Einige weitere ländertypische Besonderheiten: In den skandinavischen Ländern sind Hunde nicht in allen Abteilen zugelassen. Oft wird man auf die Rau-

cherabteile verwiesen. Man kann allerdings in einigen Zügen spezielle Sitzplätze reservieren, die daneben ausreichend Platz für einen Hund bieten. In Griechenland landen größere Hunde im Gepäckwaggon und auch in Spanien begrenzt die Staatsbahn die normale Beförderung auf Hunde bis 6 kg. Die Deutsche Bahn AG verweigert infolge der Kampfhundediskussion im Jahre 2000 die Beförderung von 14 Rassen (Pit Bullterrier, Bandog, American Staffordshire Terrier, Staffordshire Bullterrier, Tosa Inu, Bullmastiff, Bullterrier, Dogo Argentino, Dogue de Bordeaux, Fila Brasileiro, Mastiff, Mastin Espanol, Mastino Napoletano, Rhodesian Ridgeback).

Auto

Das Auto ist wohl das beliebteste Verkehrsmittel, wenn es ums Reisen mit dem Hund geht. Die Vorteile liegen auf der Hand: Abfahrtszeiten, Streckenlänge und Pausen sind frei wählbar, Platz ist selbst für den Futtervorrat vorhanden und der Hund bereitet keine Extrakosten. Die meisten Hunde sind begeisterte Autofahrer, nur wenige haben Schwierigkeiten damit - ein rücksichtsvoller Fahrstil und einfühlsame Gewöhnung des Hundes vorausgesetzt. Ganz vereinzelt werden Hunde durch die Geschwindigkeit und Richtungswechsel im Auto »reisekrank«. Hier können wie bei der schon beschriebenen

Hunde sollten nicht ungesichert im Auto mitfahren. © Hunter

»Seekrankheit« bestimmte Medikamente helfen. Auch homöopathische Mittel werden bei Problemen mit dem Autofahren erfolgreich eingesetzt. Infolge schlechter Erfahrungen können Hunde richtige Aversionen gegen das Autofahren entwickeln. In diesen Fällen sollten Sie sich Rat bei einem in der Verhaltenstherapie kundigen Tierarzt holen. Mit den richtigen, auf den jeweiligen Hund zugeschnittenen Methoden lassen sich solche Schwierigkeiten ohne Strafe und Zwang lösen. Beim Packen des Wagens ist ausreichend Platz für den Hund einzuplanen. Leine, Halsband, Erste-Hilfe-Koffer und Wasservorrat sind griffbereit zu verstauen. Trainieren Sie Ihren Hund darauf, das Auto nur auf Kommando zu verlassen. Das kann ihm bei einem Halt an belebter Straße das Leben retten! Ähnliches gilt auch für die Sicherung des Hundes im Auto. Ungesicherte Hunde gefährden nicht nur das eigene Leben, sondern auch das der übrigen Insassen. Auf keinen Fall gehört ein Hund auf die Heckablage! Untersuchungen des TÜV haben gezeigt, dass bei einem Auffahrunfall mit nur 50 km/h ein Hund von 10 kg mit der Wucht von 300 kg auf die Vordersitze trifft. Zwischen den im Handel angebotenen Sicherungen gibt es große Unterschiede. Bei Tests von TÜV und Versicherungsgesellschaften zerrissen Trennnetze, Trenngitter führten durch zu breiten Gitterabstand zu schweren Verletzungen der Hunde(attrappen) und die mit Gurten auf dem Rücksitz fixierte Transportbox zerbarst explosionsartig. Aufgrund dieser Erfahrungen entwickeln und testen TÜV und Versicherungsunternehmen verschiedene Sicherungen - von Sicherheitsgurten bis hin zu flexiblen Abtrennwänden - die Hund und Mensch gleichermaßen schützen. Schauen Sie deshalb beim Kauf nach entsprechend geprüften Produkten. Ungesicherte Hunde können darüber hinaus zumin-

dest versicherungsrechtliche Folgen haben, wenn der durch den Hund gestörte Fahrer einen Unfall verursacht.

Klimaanlagen und vorausschauende Routenplanung helfen, hohe Temperaturen im Auto zu verhindern. Etwas Vorsicht ist aber bei den Klimaanlagen und geöffneten Fenstern geboten, da Hunde gerne ihre Nase in den kühlen Luftstrom stecken. Bindehautentzündungen sind dann vorprogrammiert.

Nehmen Sie Ihren Hund ruhig zum Anlass, öfter einmal eine Pause einzulegen. So werden auch Sie selbst entspannter am Urlaubsziel eintreffen. Man hat Gelegenheit, sich einmal die Beine zu vertreten und den Hund mit Wasser zu versorgen. Lassen Sie Ihren Hund aber nicht unbeaufsichtigt im Auto zurück, um z.B. etwas essen zu gehen. Es sind schon Autos samt des Hundes auf Rastplätzen verschwunden! Sind Hunde in dem Raststellen-Restaurant nicht erlaubt, lohnt es sich, abseits der Autobahn nach einem hundefreundlichen Restaurant Ausschau zu halten.

Im Sommer darf man den Hund ohnehin nicht im Auto zurücklassen. In kürzester Zeit heizen sich gerade die modernen Automodelle auf unerträgliche Temperaturen auf. Da helfen auch keine um einen Spalt geöffneten Fenster. Es kommt leider immer wieder zu Todesfällen, weil Besitzer den Hund »nur einmal kurz« im Auto gelassen haben.

Im Sommer sollten Hunde selbst für kurze Zeit so nicht zurückgelassen werden.

AM
URLAUBSORT

Die ersten Tage sollten Sie sich ein wenig Zeit für die Eingewöhnung nehmen. Bei der Erkundung des Ortes lässt sich auch gleich die Lage der nächsten Tierarztpraxis ausfindig machen. Die lokalen Gegebenheiten für Hundehalter bekommt man schnell heraus, z.B. wann und wo Leinen- oder Maulkorbpflicht gilt und welche Bereiche für Hunde tabu sind. Die ersten Tage hält man den Hund besser an der Leine, damit er sich in Ruhe orientieren kann. Auch später sollte er immer in Ruf- und Sichtweite bleiben. In vielen Urlaubsländern stellen herrenlose Hunde ein großes Problem dar, dem die Kommunen häufig mittels Hundefängern begegnen. Deshalb sollte der Hund immer ein Halsband mit Adressenanhänger tragen. In Jagdgebieten ist auch schon mancher Hund, der sich weit von seinem Besitzer entfernt hat, der Wilderei verdächtigt und von Jägern angeschossen worden. Ebenso können ausgelegte Giftköder zur Gefahr für freilaufende Hunde werden. Bei dem Verdacht auf eine Vergiftung, egal welcher Art, sollten Sie umgehend den nächsten Tierarzt aufsuchen. Die gilt auch für den Fall, dass sich noch keine Symptome bemerkbar machen. Einige Giftstoffe entfalten ihre Wirkung erst mit einiger Verzögerung, bei gerinnungshemmenden Substanzen in Rattengiften sogar erst nach Tagen. Hier gilt es, so früh wie möglich einzugreifen. Versuchen Sie aber keine Behandlungen auf eigene Faust, z.B. ein Erbrechen auszulösen. Es ist immer von dem jeweiligen Gift abhängig, welche Sofortmaßnahme eingesetzt werden sollte. Bei benommenen Tieren, bei bestimmten Giften darf z.B. keinesfalls ein Erbrechen provoziert werden. Ist kein Tierarzt erreichbar oder bereiten Sprachbarrieren Schwierigkeiten, so kann man sich auch rund um die Uhr Rat bei deutschen Giftnotrufzen-

Beim ersten Abendspaziergang kann man auch gleich Ausschau nach dem Tierarzt im Ort halten.

tralen holen (Adressen Seite 113). Diese sind zwar für das Vergiftungsopfer Mensch gedacht, helfen aber ebenfalls bei Vergiftungen von Tieren weiter.

Neben den organisatorischen Dingen ist dem Hund auch von medizinischer Seite einige Tage Eingewöhnungszeit zu gönnen. Er muss sich ja nicht nur dem veränderten Klima anpassen, sondern trifft auch auf eine Vielzahl fremder Keime. Dies müssen nicht unbedingt schlimme Krankheitserreger sein, doch auch mit harmloseren Keimen muss sich das Abwehrsystem erst einmal auseinander setzen. Ähnliches gilt im Übrigen ebenso für Sie selbst. Lassen Sie deshalb die ersten Tage etwas ruhiger angehen. Verständlicherweise ist man unsicher, wenn der Hund trotzdem in den ersten

Tagen etwas abgeschlagen wirkt. Ist es nur die Umstellung, oder brütet er vielleicht etwas ernstes aus? Muss ich sofort zum (fremden) Tierarzt fahren? Woran kann ich mich orientieren, vor allem wenn keine speziellen Symptome wie Durchfall oder Husten auf Störungen bestimmter Organsysteme hinweisen?

In diesen unklaren Fällen können Sie erst einmal selbst eine **kurze Überprüfung des allgemeinen Gesundheitszustandes** des Hundes vornehmen. Dies ersetzt zwar keine tierärztliche Untersuchung! Es zeigt aber, inwieweit der Gesamtorganismus in Mitleidenschaft gezogen ist, kann Sie vielleicht davor bewahren, auch ernstere Gesundheitsstörungen einfach als »Unpässlichkeit« abzutun. Die oft zitierte feuchte, kühle Nase ist übrigens kein verlässlicher Gradmesser für den Gesundheitszustand des Hundes!

Allgemeinbefinden gestört? Zuerst sollten Sie das unbestimmte Gefühl, dass irgend etwas mit dem Hund nicht stimmt, genauer definieren: Frisst er schlecht? Trinkt er vermehrt? Ist er hektischer oder ruhiger als sonst?

Dann folgen ein paar einfache Handgriffe um Atmung, Kreislauf, Körperinnentemperatur und Flüssigkeitshaushalt zu überprüfen: Man schaut sich die Atemzüge an,

Der Puls lässt sich beim Hund am einfachsten an der Oberschenkelarterie messen.

Normwerte*
Atmung - Puls - Temperatur

Atemzüge:	10 bis 30/min	
Pulsschlag:	70 bis 100/min	- große Rassen
	80 bis 130/min	- mittlere Rassen
	90 bis 160/min	- kleine Rassen
Körperinnentemperatur:	38,6 bis 39,4 °C	- kleine Rassen
	37,5 bis 39,2 °C	- große Rassen

nach Niemand/Suter 2001

* Normwerte können nur einen Anhaltspunkt bieten. Die individuellen Normalwerte Ihres Hundes müssen Sie selbst herausfinden. Die Werte für Puls, Atmung und Temperatur werden dabei immer nur in Ruhephasen beurteilt, um Einflüsse von Aufregung und die normale Anpassung an Anstrengungen auszuschließen.

tastet den Puls, wirft einen Blick ins Maul, misst die Temperatur und hebt eine Hautfalte hoch.

Atmung Die Atemzüge sollten gleich- und regelmäßig erfolgen, das Verhältnis von Ein- zu Ausatemdauer 1:2 betragen. Auffallende Veränderungen von Ruhe-Frequenz oder Rhythmus sollten immer ernst genommen werden. Dabei muss dies nicht unbedingt ein Zeichen für eine Atemwegserkrankung sein. So erzeugen z.B. fieberhafte Allgemeinerkrankungen durch die damit verbundene Stoffwechselsteigerung einen erhöhten Sauerstoffbedarf.

Das **Herz-Kreislaufsystem** können Sie anhand des Pulses und mit einem Blick ins Maul überprüfen. Die Pulswelle fühlt man beim Hund am einfachsten innen in der Mitte des Oberschenkels. Benutzen Sie hierzu die Fingerbeeren von Zeige- und Mittelfinger. Auffällige Abweichungen zum gewohnten Ruhepuls müssen nicht direkt ein ernstes Herzproblem bedeuten. Das Herz-Kreislaufsystem hat als Transportsystem für Sauerstoff, Nährstoffe, Abbauprodukte etc. nicht nur Einfluss auf die verschiedenen Organe, sondern kann umgekehrt auch durch diese beeinflusst werden. Als zweites werfen Sie einen Blick ins Hundemaul. Während dem Menschen bei Kreislaufschwächen die Blässe gleich ins Gesicht geschrieben steht, muss man beim Hund die Maulschleimhaut anschauen. Sie ist normalerweise blassrosa. Sauerstoffmangel erkennt man beim Menschen an blauen Lippen. Beim Hund reagiert zuerst die Zunge mit einer derartigen Verfärbung (Ausnahme: die angeborene blaue Zunge des Chow-Chow). Als letztes

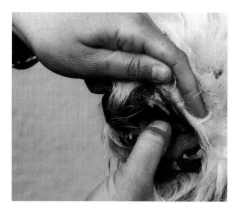

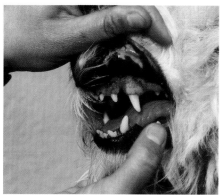

Mit der Kapillarfüllungszeit (KFZ)
lassen sich die Kreislaufverhältnisse
einfach und schnell überprüfen.

können Sie noch die kapilläre Füllungszeit (KFZ) überprüfen, eine einfache Methode, um die Stabilität des Kreislaufs zu testen. Mit einem kurzen Daumendruck auf das Zahnfleisch drücken Sie das Blut aus den feinen Gefäßen. Der entstandene weiße Fleck passt sich bei stabilem Kreislauf in weniger als 2 Sekunden wieder der übrigen Schleimhautfarbe an.

Wegen der enormen Bedeutung des Herz-Kreislaufs für den Gesamtorganismus sind auffällige Veränderungen immer ernst zu nehmen.

Die **Körperinnentemperatur** ist ein wichtiger Parameter für die Beurteilung des Gesundheitszustandes. Man misst sie beim Hund rektal, also im Enddarm. Ein wenig Vaseline hilft, die Prozedur für den Hund weniger unangenehm zu machen. Digitalthermometer sind wegen der geringeren Verletzungsgefahr den herkömmlichen Glas-Quecksilber-Versionen vorzuziehen. Fieberhafte Erkrankungen sollten Sie immer tierärztlich abklären lassen.

Als letzten Punkt überprüfen Sie den **Wasserhaushalt des Hundes**. Ein ausreichender Flüssigkeitsspiegel ist für das Wohlbefinden sehr wichtig. Er bildet die Voraussetzung für eine normale Kreislauffunktion und die Abkühlung durchs Hecheln. Ab etwa 6-8% Flüssigkeitsverlust (z.B. bei Durchfall, Hecheln bei Anstrengung oder großer Hitze) muss mit deutlichen Störungen des Allgemeinbefindens gerechnet werden. Der einfachen Überprüfung des Wasserhaushalts dient der Hautfaltentest. Da mit zunehmender Austrocknung die Hautelastizität abnimmt, wird eine hochgenommene Hautfalte langsamer verstreichen.

Der Basis-Wasserbedarf liegt zwischen 90 ml/kg Körpergewicht bei einem 5 kg-Hund und 40 ml/kg Körpergewicht bei einem 100 kg-Hund. Körperliche Anstrengung, Hitze oder Erkrankungen mit Durchfall und Erbrechen lassen den Bedarf aber schnell auf ein mehrfaches ansteigen. Der Hund sollte deshalb immer frisches Wasser zur Verfügung haben. Dosenfutter besteht bis zu 80% aus Wasser. Bedenken Sie den Wegfall dieser Wasserquelle, wenn Sie Ihren Hund für den Urlaub von Dosen- auf Trockenfutter umgestellt haben.

Wie bereits erwähnt, kann dieser kurze Gesundheits-Check keinesfalls eine tierärztliche Untersuchung ersetzen, liefert aber erste Anhaltspunkte. Sollten Sie sich überdies evtl. bei Ihrem Tierarzt daheim Rat holen wollen - im heutigen Handy-Zeitalter ja auch kein Problem mehr - dann erleichtern Sie ihm mit den so gewonne-

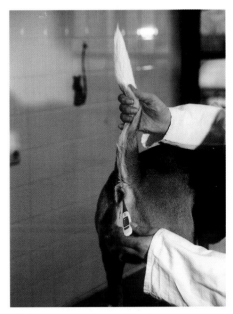

Fiebermessen beim Hund

nen Daten die Beurteilung. Mit der einfachen Aussage »irgendetwas stimmt mit meinem Hund nicht« wird er nicht viel anfangen und folglich Ihnen auch kaum weiterhelfen können.

Kurzer allgemeiner Gesundheits-Check

1. *Allgemeinbefinden/Allgemeineindruck*
   Aufmerksamkeit/Aktivität/Haltung/Fress- und Trinkverhalten
2. *Herz/Kreislauf*
   Schleimhautfarbe/Kapillarfüllungszeit/Puls
3. *Atmung*
   Atemfrequenz/-tiefe/Blaufärbung der Zunge?
4. *Körperinnentemperatur*
5. *Wasserhaushalt*
   trockene Schleimhäute/gestörtes Allgemeinbefinden/verringerte Hautelastizität?

Zusätzliche auf bestimmte Organsysteme hinweisende Symptome wie etwa Husten, Durchfall oder Harndrang?

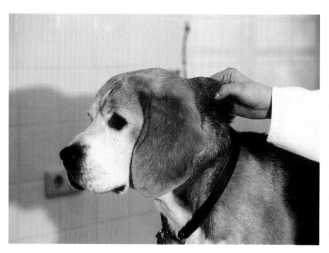

Der Hautfaltentest zur Überprüfung des Wasserhaushaltes

Hund entlaufen

Bei aller Vorsicht lässt es sich nicht immer verhindern, dass ein Hund im Urlaub einmal abhanden kommt. In diesen Fällen sind neben den örtlichen Polizeidienststellen, Tierheimen und Tierärzten auch die lokalen Tierschutzorganisationen wichtige Ansprechpartner. Sie können Tipps für die Suche geben und man erfährt, ob in diesem Gebiet Tierfänger herrenlose Hunde einsammeln und wo die Tiere dann landen. Leider werden in manchen Regionen (z.B. spanische Inseln) immer noch Hunde eingeschläfert, die nicht innerhalb weniger Wochen aus den kommunalen Tierheimen abgeholt werden. Hier ist der Kontakt zu den lokalen Tierschutzvereinen besonders wichtig.

Für die eigene Suche ist es gut, wenn man auf Plakate oder Handzettel ein Foto kopieren kann. Ein aktuelles Foto gehört deshalb immer mit ins Reisegepäck. Tierregister wie z.B. Tasso e.V. bieten sogar einen kostenlosen Druck von Suchplakaten an. Einen kurzen Text für Plakate oder Handzettel finden Sie in verschiedenen Sprachen auf Seite 104 ff. Ein Halsband mit Adressenanhänger (Urlaubsanschrift nicht vergessen!) erhöht die Chance Ihren Liebling schnell wieder zu sehen. Da solche Anhänger leicht einmal verloren gehen, ist eine darüber hinausgehende Kennzeichnung viel wert. Die Nummern der Mikrochips weisen durch die ersten Ziffern schon auf das Herkunftsland hin. So lässt sich bei einem im Ausland aufgefundenen Urlauberhund rasch die Spur zur richtigen nationalen Datenbank aufnehmen. Dem schnellen internationalen Datenaustausch dienen Kooperationen zwischen den einzelnen nationalen Tierregistern, wie z.B. der Global Animal Indentification (global anid) und dem European Pet Network. Bei vielen Registrierungsstellen lassen sich nicht nur rund um die Uhr telefonisch Suchanfragen stellen. Über das Internet kann man inzwischen mit wenigen Klicks prüfen (lassen), ob die Nummer eines entlaufenden Hundes irgendwo gemeldet worden ist.

Gesund in der Sonne

Der Sommer ist bei Hundehaltern wohl die beliebteste Reisezeit, lädt doch das schöne Wetter dazu ein, viel Zeit an der frischen Luft zu verbringen. Wanderungen, Fahrradtouren, Spiele, sportliche Aktivitäten oder einfach nur zusammen im Schatten entspannen - ein Sommerurlaub bietet viele Möglichkeiten für Mensch und Hund. Aus der Humanmedizin ist einiges über die positiven Einflüsse des Sonnenlichts bekannt, sei es nun Stimmungsaufhellung, allgemeine Stoffwechselanregung oder Vitamin-D$_3$-Synthese. Auch auf Hunde scheint die Sonne eine große Anziehungskraft zu besitzen. Doch wie bei den meisten Dingen des Lebens ist auch hier das richtige Maß entscheidend. Im Hoch-

sommer, erst recht im Süden, sollten Sie den Tagesrhythmus dementsprechend anpassen. Nicht ohne Grund verlegt man in den südlichen Ländern alle Aktivitäten auf den Morgen oder späten Nachmittag und entgeht mit einer längeren Siesta der Mittagshitze. Die **Sonnenbrandgefahr** spielt bei Hunden keine so große Rolle. Nur hellpigmentierte, dünnbehaarte Hunde brauchen an Stellen wie dem Nasenrücken, den Ohrspitzen oder dem Bauch einen speziellen Sonnenschutz. Hierzu eignen sich z.B. unparfümierte Babysonnencremes. Sie müssen aber ein wenig aufpassen, dass die Creme vor dem Gang in die Sonne lange genug einwirken kann und nicht direkt wieder abgeleckt wird. Grelles Sonnenlicht ist für die Augen aller Hunde

So lässt sich die Mittagshitze gut aushalten.

Er braucht besonderen Sonnenschutz.

weder angenehm noch zuträglich. Ersparen Sie deshalb dem Hund das Blinzeln in der prallen Sonne. Im Einzelfall, bei empfindlichen Augen bzw. extremer Sonnenstrahlung z.B. durch die Reflexion auf der Wasseroberfläche oder dem Schnee, kann eine Sonnenbrille hilfreich sein. Die Arbeitsbedingungen von Rettungshunden in den Alpen, die bei Wind und Wetter bzw. auf strahlendweißen Schneeflächen ihren Dienst verrichten, haben einen findigen Optikermeister aus Österreich dazu veranlasst, Sonnenbrillen für Hunde zu entwerfen. Mittlerweile gibt es verschiedene Modelle und Größen (Bezugsquelle siehe Seite 116).

Die Kreislaufbelastung durch hohe Temperaturen ist weitaus gefährlicher als die Sonnenbrandgefahr. Um die Körpertemperatur immer auf Normalniveau zu halten, muss der Kreislauf einiges leisten. So wird über eine verstärkte Hautdurchblutung überschüssige Wärme an die Umgebung - z.B. einen kühlen Fliesenboden - abgegeben. Die effektivste Kühlmaßnahme ist jedoch die Ausnutzung von Verdunstungskälte. Wir Menschen können hierzu an der gesamten Hautoberfläche schwitzen. Hunde hingegen besitzen nur wenige Schweißdrüsen und nutzen deshalb das Hecheln zur Temperaturregulation. Hierbei wird die angefeuchtete Atemluft in den oberen Atemwegen hin und her bewegt. Leider wird oft übersehen, dass nicht nur einem nassgeschwitzten Menschen viel Flüssigkeit verloren geht, sondern auch dem heftig hechelnden Hund. Ohne ausreichenden Flüssigkeitsspiegel sind Abkühlung und Kreislauffunktion gefährdet. Neben einem Platz im Schatten sollte deshalb dem Hund immer frisches Wasser zur Verfügung stehen. Dies verhindert auch, dass der Hund seinen Durst in Pfützen oder Tümpeln stillt. Im Sommer sind dies ideale Brutstätten für Bakterien und Algen!

Fehlender Schatten, hohe Luftfeuchtigkeit, unzureichende Wasserversorgung, dies alles kann zu ernsten Kreislaufstörungen führen. Angestrengtes Hecheln, Benommenheit, ein schneller, flacher Puls, trockene Schleimhäute, anfänglich warme, im späteren Stadium aber auch kühle

Nicht jeder Hund ist so geschickt ...

..., deshalb sind Faltnäpfe für die Hosentasche recht praktisch.

Hautoberfläche sind entsprechende Symptome. Bringen Sie Ihren Hund sofort an einen kühlen Ort. Wenn er noch kontrolliert zu schlucken vermag, können Sie den Kreislauf mit Wassergaben in kleinen Portionen unterstützen. Auch das Auflegen kühler (nicht eiskalter) Tücher, beginnend an den Beinen, kann helfen. Ist der Kreislauf stärker beeinträchtigt, erholt sich der Hund nicht in kurzer Zeit, ist sofort der Tierarzt aufzusuchen. Solch eine **Hitzeerschöpfung** kann leicht in einen **Hitzschlag** übergehen. Bei einem Hitzschlag schafft es der Organismus nicht mehr, den Hitzestau im Körper zu verhindern. So lassen sich anhaltende Körperinnentemperaturen von über 41°C messen. Dies ist eine lebensgefährliche Situation! Es drohen Schädigung wichtiger Eiweißstrukturen und Hirnschwellungen. Natürlich ist jede weitere Wärmezufuhr zu unterbinden, und der Hund schnellstens zum Tierarzt zu bringen. Auf dem Weg dorthin können Sie ihm vorsichtig mit kühlen Tüchern ein wenig Abkühlung bieten. Keinesfalls darf man den Hund, wie es leider immer wieder geschieht, mit einem Eimer kalten Wassers überschütten. Diesen Temperaturschock kann der angeschlagene Kreislauf kaum verkraften.

Solche dramatischen Zwischenfälle

lassen sich aber durch die Beachtung der genannten Verhaltensregeln vermeiden. Nehmen Sie dabei besonders Rücksicht auf Hunde mit dichtem Fell. Stellen Sie sich einmal vor, Sie müssten in der Sonne einen dicken Pullover tragen. Und vertrauen Sie nicht auf den Instinkt der Tiere, sie suchen sich nicht immer rechtzeitig von selbst ein schattiges Plätzchen.

Sommerliche Temperaturen locken **Insekten und Zecken** hervor. Auf die blutsaugenden Zecken und Insekten wird wegen der Gefahr der Übertragung von Krankheitserregern noch in späteren Kapiteln genauer eingegangen. Beim Stich von Bienen, Wespen oder Hornissen ist vor allem die Giftwirkung von Interesse. Reagiert Ihr Hund darauf allergisch, kann ein einzelner Stich schon zu einem lebensgefährlichen allergischen Schock mit Kreislaufversagen und hochgradiger Atemnot führen. Sofortiger Transport zum Tierarzt ist hier die einzig richtige Maßnahme. Versuchen Sie nicht erst selbst mit Hausmitteln oder einer Calcium-Trinkampulle zu helfen. Zum Glück sind solche allergischen Reaktionen nicht allzu häufig. Wenn Ihr Hund nicht gerade von einem ganzen Schwarm aufgebrachter Insekten angegriffen wird, müssen Sie meist nur mit harmlosen, wenn auch unangenehmen lokalen Reizungen rechnen. An Bienenstacheln hängt ein kleines Giftsäckchen, das noch eine Zeit lang Gift in die Stichstelle pumpt. Wenn möglich, sollten Sie Bienenstachel vorsichtig - ohne das Giftsäckchen zu quetschen - mit einer Pinzette entfernen.

Eine Kühlkompresse hilft, Schmerzen und Schwellung zu lindern. Gegebenenfalls muss man den Stich mit einem Verband abdecken, damit der Hund nicht ununterbrochen daran leckt (Infektionsgefahr). Gefährlicher sind Stiche im Maul- und Rachenraum. Hier kann es zu bedrohlicher Anschwellung und Atemnot kommen. Meist geschieht dies, wenn es Hund und Insekt auf die selbe Leckerei beim Picknick abgesehen haben. Selten passiert so etwas beim Schnappen nach Bienen oder Wespen. Nach einem solchen Stich sollten Sie sicherheitshalber sofort zum Tierarzt fahren, auch wenn sich noch keine Atemnot eingestellt hat. Auf der Fahrt können Sie mit einer auf den Kehlgang aufgelegten Kühlkompresse der Anschwellung ein wenig entgegenwirken.

Gesund im Schnee

Den Winter müssen Hundehalter nicht von vornherein als Reisezeit ausschließen. Ski alpin ist sicher nichts für Hunde, doch ein Spaziergang in verschneiter Winterlandschaft oder Toben im Neuschnee bereitet vielen von ihnen großes Vergnügen. Selbst Wintersport ist möglich, und zwar nicht nur für Schlittenhunde. Langlauf z.B. bietet Hund und Mensch die Möglichkeit gemeinsamer sportlicher Betätigung. Weil man die Zerstörung der Spur oder Belästigung anderer Läufer befürchtet, sind zwar viele Loipen für Hunde gesperrt. An manchen Orten werden aber je nach Tageszeit und Saison Ausnahmen gemacht. Einige Skigebiete der Schweiz und Österreich

richten sogar spezielle Hundeloipen her. Es handelt sich dabei meist um Skatingloipen, die im großen Oval angelegt eine gute Übersicht bieten. Die Kälte macht Hunden weit weniger aus, als man oft annimmt. Nordische Hunderassen mit ihrem dichten Winterfell sind hier in ihrem Element und fühlen sich wohler als im Sommerurlaub am Mittelmeer. Aber selbst dünnbehaarte Hunderassen müssen sich nicht direkt eine Erkältung einhandeln, wenn man einige Verhaltensregeln beherzigt: Ein wenig Zeit zur Akklimatisierung ist ein guter Anfang.

Vermeiden Sie extreme Temperaturunterschiede durch überhitzte Hotelzimmer. Trockene Heizungsluft in der Unterkunft ist für die Atemwege weitaus schädlicher als ein Spaziergang an der kühlen Winterluft. Eine Schale mit Wasser auf dem Heizkörper kann da schon helfen. Planen Sie Ausflüge so, dass der Hund bei der Rast nicht zu lange im Schnee oder auf gefrorenem Boden liegt und sich ansonsten durch ausreichende Bewegung warm hält. Trockene Kälte wird von Hunden gut vertragen. Vorsicht ist bei Nieselregen und Nebel angebracht, der das Fell feucht und klamm werden lässt. Rubbeln Sie den Hund nachher ausgiebig mit einem Handtuch trocken. Die dabei verabreichte Massage regt zusätzlich die Durchblutung und den Stoffwechsel an. Denken Sie daran, den Hund ausreichend mit Wasser zu versorgen. Nicht nur bei Hitze, sondern auch bei körperlicher Betätigung im Schnee steigt der Wasserbedarf rasch an. So lässt sich bei einem Teil der Hunde auch das **Schneefressen** verhindern. Ist dies jedoch eher eine Marotte und dient nicht als Durstlöscher, so hilft nur konsequente Erziehungsarbeit. Selbst wenn der Schnee nicht verschmutzt ist, so führt er ab einer gewissen Menge zu unangenehmen Magen-Darm-Störungen mit Erbrechen. Bedenken Sie bei Ihren Ausflügen, dass kühles Winterwetter Ihrem Hund zusätzliche Energie für die Temperaturregulation abverlangt. Wundern Sie sich also nicht über einen gesegneten Appetit Ihres Hundes, schließlich müssen die verbrauchten Kalorien wieder ersetzt werden.

Besonderes Augenmerk ist im Winterurlaub den **Pfoten** zu widmen. Streusalz und Splitt können den Pfoten arg zusetzen. Ein warmes Fußbad ist deshalb nach dem Spaziergang obligatorisch. Mit einer Wund- und Heilsalbe oder speziellem Pfotenbalsam kann man die Ballen geschmeidig halten. Das Verklumpen von Schnee lässt sich durch das Einfetten mit Vaseline etwas verringern. Praktisch sind spezielle Pfotenschutz-Schuhe. Im Schlittenhundesport kennt man die bunten Booties als Schutz vor vereisten Schneeflächen. Aber auch abseits des Hochleistungssports können Pfotenschützer gute Dienste leisten. Sie verhindern das Verklumpen von Schnee und schützen empfindliche Pfoten vor Splitt und Streusalz. Pfotenschützer gibt es in den unterschiedlichsten Ausführungen und Materialien. Wichtig ist ein guter Sitz und ein flexibles Material, das die natürliche Ausdehnung der Pfote beim Auftreten nicht behindert. Lassen Sie sich im Fachhandel oder vom Tierarzt ausführlich beraten.

Bei Splitt und Salz auf den Straßen ist eine gute Pfotenpflege wichtig.

Gesund in den Bergen

Nicht nur schneebedeckt sind Berge ein interessantes Reiseziel. Landschaft und kühle Bergluft laden auch im Sommer zu ausgedehnten Wanderungen ein. Ein Bergführer mit Beschreibungen zu einigen Bergwandertouren mit Hund ist unter dem Titel »Der Berg ruft« erschienen (s. Seite 115).

In Kabinenseilbahnen gibt es kaum Probleme, einen Hund mitzunehmen. Melden andere Fahrgäste Bedenken an - vielleicht weil sie Angst vor Hunden haben - so wartet man eben auf die nächste Kabine. Hunde kosten meist den halben Fahrpreis oder fahren ganz umsonst. Bei längeren Bergtouren sollten Sie sich im Voraus um geeignete Übernachtungsmöglichkeiten kümmern. Die meisten Berghütten gestatten keine Hunde in ihren Gemeinschaftsschlafräumen. Teilweise können sie aber in der Gaststube oder anderen separaten Räumen untergebracht werden. Bergtouren sollten sorgfältig geplant werden. Berücksichtigen Sie dabei neben der eigenen auch die Leistungsfähigkeit Ihres Hundes. Unterschätzen Sie nicht, welche Anforderungen das ständige bergauf oder bergab laufen mit sich bringt. Der Bewegungsapparat wird hierbei ganz anders als bei Wanderungen im Flachland beansprucht. Je nach Höhenlage ist auch ein wenig Zeit zur **Akklimatisierung** sinnvoll. Klimaveränderungen drücken sich ja nicht nur in Temperaturunterschieden aus. Mit zunehmender Höhe nimmt z.B. der Sauerstoffpartialdruck ab. Dies erschwert die Sauerstoffversorgung des Körpers. Atmung und Kreislauf sind dementsprechend gefordert. In großen Höhen wird der Organismus mit der Zeit

sogar vermehrt rote Blut-
körperchen bilden, um sich
den Bedingungen anzupas-
sen. Darauf beruht u.a. der
Effekt des Höhentrainings
von Ausdauersportlern.

Auf längeren Touren
spielt das **richtige Gepäck**
eine wichtige Rolle. Ver-
trauen Sie nicht auf den
sprichwörtlichen klaren
Gebirgsbach, an dem sich
der Hund erfrischen könn-
te. Ein gewisser Wasser-
vorrat sollte immer dabei
sein.

*Reiseproviant gehört mit
in den Rucksack für eine
Bergtour, sollte aber nicht
unbeaufsichtigt bleiben!*

Mit Kunststoffflasche und Faltnapf
lässt sich Gewicht sparen.

Für hellpigmentierte Hunde kann
ein Sonnenschutz (s. Seite 49) notwendig sein. Die kühle Bergluft kann
leicht über die Intensität der UV-Strah-
len im Hochgebirge hinweg täuschen.

Wie wir Menschen in den Bergen
auf gutes Schuhwerk achten, sollte
man auch an die Pfoten des Hundes
denken. Die Krallen sollten bei Bedarf
auf die richtige Länge gekürzt und die
Ballen mit Pflegebalsam oder entsprechenden Salben geschmeidig gehalten

werden. Vorsorglich kann auch ein Pfotenschutz mitgenommen werden, der wundgescheuerte oder oberflächlich verletzte Pfoten auf dem weiteren Weg schützen kann. Wichtig ist ein genaues Anpassen, ein guter Sitz des Pfotenschutzes.

Wenn Hunde nach Herzenslust im Gebirge kraxeln, können sie sich natürlich auch andere Verletzungen zuziehen. Sie werden auf Bergwanderungen sicher nicht denn kompletten Erste-Hilfe-Koffer mitschleppen. Doch das eine oder andere sollte schon noch im Rucksack Platz finden. Schließlich können Sie damit nicht nur für den Hund vorsorgen. Je nach Art der Tour, der Anfälligkeiten des Hundes etc. kann man sich entsprechende Teile aus der Reiseapotheke herausnehmen.

Zwei Verbandpäckchen (sterile Fixierbinden mit eingewebter Wundauflage) sind inkl. einiger Heftpflasterstreifen schon ein guter Grundstock für eine Minimalausrüstung. Mit ihnen lassen sich starke Blutungen stoppen, entweder durch bloßes Aufdrücken oder durch einen Druckverband (s. Seite 91). Darüber hinaus kann man mit ihnen Wunden vorläufig abdecken. Für einen regulären Verband wäre zumindest noch Polsterwatte vonnöten. Die dünne Rettungsfolie hilft im Notfall gegen Unterkühlungen. Eine kleine Tube einer antiseptischen Salbe und ein Fläschchen einer Augenspüllösung nehmen auch nicht viel Platz weg. Diese Liste lässt sich je nach Einsatzgebiet und Platz im Rucksack natürlich noch erweitern.

Kein modischer Schnickschnack, sondern sinnvolle Ausrüstung bei Bootsausflügen!

Gesund auf See

Neigt Ihr Hund nicht zur Seekrankheit, so kann auch ein Urlaub auf dem Wasser in Betracht kommen. Kreuzfahrten erübrigen sich zwar durch die fehlende Möglichkeit des »Gassigehens«. Gegen einen Segeltörn ist aber nichts einzuwenden, wenn man entsprechende Landgänge einplant. Ausreichender Trinkwasservorrat ist selbstverständlich, kann man doch immer einmal von einer Flaute überrascht werden. Da die Wasseroberfläche die Sonnenstrahlen stark reflektiert, ist bei empfindlichen Tieren (siehe Seite 49) ein Sonnenschutz sinnvoll. Eine weitere reizvolle Variante des Urlaubs auf dem Wasser ist eine Reise mit dem Hausboot. So kann man den Flüssen entlang Länder wie Frankreich oder die Niederlande erkunden. Die meisten Vermieter haben nichts gegen Hunde einzuwenden. Plant man die Etappen so, dass die Hunde auf den Landgängen ihren Bewegungsdrang befriedigen und die »Geschäfte« verrichten können, gibt es an Bord kaum Probleme.

Beim Urlaub auf dem Wasser sollte eine Schwimmweste für den Hund zur Ausrüstung gehören. Hunde gehen leicht einmal über Bord, da sie nur wenig Scheu vor dem Wasser besitzen. Die Schwimmweste gibt dann nicht nur Auftrieb, sondern erleichtert durch praktische Haltegriffe, den Hund wieder an Bord zu holen. Hunde sind von Natur aus talentierte Schwimmer. Trotzdem kann es durch widrige Umstände zu kritischen Situationen kommen. Nicht zu unterschätzen ist die Unterkühlungsgefahr bei längeren Schwimmeinlagen. Wasser ist ein sehr guter Wärmeleiter. So bedarf es nicht erst eisiger Wassertemperaturen, um einen kleinen Hundekörper auszukühlen. Wenn es, durch welche Umstände auch immer, zu einem Ertrinkungsunfall mit Atem- und evtl. auch Herzstillstand kommt, so ist schnelles Handeln gefragt. Versuchen Sie bitte nicht erst, den Hund an den Hinterläufen zu nehmen und das Wasser aus der Lunge herauszuschütteln. Das kostet nur un-

nötig Zeit und Sie werden eher ein Erbrechen provozieren, als wirklich Wasser aus der Lunge zu bekommen. Schließlich wird der Hund eine Menge Wasser in den Magen geschluckt haben. Beginnen Sie also direkt mit den Wiederbelebungsmaßnahmen, wie sie auf Seite 89 ff. beschrieben sind. Selbst wenn Sie schon mit kurzer Hilfeleistung erfolgreich waren, sollten Sie auf jeden Fall anschließend einen Tierarzt aufsuchen. Nach solchen Unfällen kann es je nach eingeatmeter Wasserart und -menge noch nach Stunden zu Komplikationen kommen.

Gesund am Strand

Manchmal muss man ein wenig suchen, bis man einen hundefreundlichen Strand gefunden hat. Abseits

der Hauptbadestrände und in der Nebensaison stehen die Chancen am besten. Die Informationen der nationalen Fremdenverkehrsämter helfen nicht weiter, meist wird kategorisch der Hundebesuch am Strand als verboten deklariert. Man muss sich deshalb direkt über die einzelne Region, den Ort erkundigen. Die Bedingungen für Hunde am Strand sind recht unterschiedlich. Mancherorts dürfen Hunde nur angeleint oder zu bestimmten Jahreszeiten ans Wasser. Einige Strände sind komplett, andere nur in bestimmten Abschnitten für Vierbeiner tabu. Damit nicht noch weitere Strände für Hunde gesperrt werden, sollten Sie ein wenig Rücksicht auf andere, weniger »hundevernarrte« Strandgäste nehmen und selbstverständlich die Hinterlassenschaften Ihres Lieblings sofort beseitigen. Unter den hundefreundlichen Stränden gibt es sogar einzelne Anlagen mit Hundeduschen und Agility-Parcours (z.B. BauBau Village in Albisola Mare /Italien).

Ein Strandurlaub bietet für Hunde viele attraktive Beschäftigungsmöglichkeiten: Schwimmen, Spaziergänge und allerlei Spiel- und Sport-Aktivitäten. Mit stundenlangem Sonnenbaden hingegen werden Sie Hunde kaum begeistern können. Deswegen muss man nicht ganz darauf verzichten. Versorgen Sie Ihren Hund aber mit einem Schattenplätzchen und ausreichend Trinkwasser. Dies verhindert auch, dass er sich am See- oder Meerwasser bedient. Von möglichen Verschmutzungen einmal ganz abgesehen, führt der Salzgehalt des Meerwassers zu heftigen Magen-Darm-Störungen. Wegen des Salzgehaltes sollten Sie dem Hund nach einem Bad im Meer eine Süßwasserdusche spendieren. Bei einem Bad im Meer sollte der Hund immer in Ruf- und Sichtweite bleiben, auch wenn Ertrinkungsunfälle nicht allzu häufig sind. Hunde sind sehr gute Schwimmer. Aus der Arbeit mit Rettungshunden weiß man, dass sie ein ausgezeichnetes Gespür für Meeresströmungen besitzen. Sollte es trotzdem einmal zu einem derartigen Unfall kommen, vielleicht weil sich ein untrainierter Hund überschätzt hat, so ist sofortige Hilfeleistung gefragt (s. Seite 89 ff.).

Die tierärztliche Versorgung am Urlaubsort

Die medizinische Versorgung muss im Ausland nicht zwangsläufig schlechter als daheim sein. Selbstverständlich wird man in ländlichen Gebieten eher auf einfach eingerichtete Landpraxen treffen als auf High-Tech-Medizin fürs Kleintier. Verständlicherweise geht man nur ungern zu einem fremden Tierarzt, der den Hund und seine Vorgeschichte nicht kennt. Bei ernsten Verletzungen, schweren Erkrankungen sollten Sie aber nicht zögern, den Tierarzt vor Ort aufzusuchen. Sonst läuft man vielleicht Gefahr, wichtige Zeit zu verschenken. Der Tierarzt kennt die örtlichen Infektionsgefahren und die evtl. in dieser Gegend verwendeten Giftköder. Sprachbarrieren sollten kein Hindernis darstellen, in Tourismusgebieten schon gar nicht. Ansonsten kann Ihnen vielleicht der kleine Sprachführer auf Seite 104 ff. weiterhelfen. In diesem Zusammenhang wird auch deutlich, wie hilfreich ein Gesundheitspass für den Hund sein kann. Sorgfältig ausgefüllt liefert er dem Tierarzt vor Ort die wichtigsten Daten zur Krankengeschichte des Hundes.

Magen-Darm-Störungen

Eine Magen-Darm-Störung ist wohl die häufigste Reisekrankheit. Je nach Urlaubsregion wird sie beim Menschen mit so phantasievollen Begriffen wie Montezumas Rache oder Pharaos Fluch umschrieben. Auch Hunde sind vor einer Magen-Darm-Störung im Urlaub nicht gefeit. Die Auslöser sind vielfältig: Sommerliche Hitze und unzureichende Hygiene lassen Verderbniskeime im Futter gedeihen; abrupte Futterumstellungen bringen die Darmflora durcheinander; Schneefressen, das Trinken von Meerwasser oder aus Pfützen bleibt ebenso wenig ohne Folgen. Zur Vorbeugung ist gerade zur Sommerzeit auf besondere Sauberkeit zu achten. Angebrochenes Dosenfutter sollte keine längere Zeit im Warmen stehen und der Hundenapf ist nach jeder Mahlzeit gründlich zu reinigen. Verfüttern Sie kein rohes

Auch ungewohnte Leckereien können Magen und Darm durcheinander bringen.

AM URLAUBSORT

Fleisch und kochen Sie wenn nötig das Trinkwasser ab. Als Reisefutter bietet sich ein gutes Trockenfutter an (s. Seite 33). Halten Sie für Ihren Hund immer sauberes Trinkwasser bereit. So ist die Gefahr geringer, dass er sich an Pfützen, im Meer oder Schnee bedient. Sollte es trotzdem einmal passieren, dass den Hund ein heftiger Durchfall ereilt, so bietet sich der schon beschriebene kurze Gesundheits-Check an (s. Seite 44 ff). Ist das Allgemeinbefinden ungestört, hat er kein Fieber und ist auch nicht ausgetrocknet, kann man es erst einmal mit einer Diät versuchen. Den ersten Tag bekommt er nichts zu fressen, nur abgekochtes Wasser, Tee oder spezielle Elektrolytlösungen. Die nächsten Tage steht dann ein Gemisch aus 2/3 Reis und 1/3 Hüttenkäse oder magerem Geflügelfleisch in mehreren kleinen Portionen auf dem Speiseplan. Erst wenn sich die Verdauung wieder normalisiert hat, kann man schrittweise auf das ursprüngliche Futter umstellen.

Bei Durchfällen ist es sehr wichtig, die Flüssigkeitsverluste auszugleichen. Spezielle Elektrolytpulver, in Wasser aufgelöst, eignen sich besonders für diesen Zweck, da sie auch die verloren gegangenen Salze ersetzen. Beim Tierarzt kann man Kombinationspackungen aus Dosen mit Schonkost und einigen Beuteln Elektrolytpulvern bekommen. Nicht immer hat man ja im Urlaub die Möglichkeit, entsprechende Schonkost selbst zuzubereiten. Zusätzlich werden zur Regulation der Darmflora auch spezielle Bakterien-Präparate angeboten.

Der Durchfall selbst ist erst einmal nur ein Symptom, dem in gewissen Grenzen auch Schutzfunktion zukommt. Durch ihn werden Krankheitserreger und schädliche Stoffe schnell aus dem Körper herausbefördert. Deshalb sollte man einen einfachen Durchfall nicht sofort mit starken Medikamenten unterdrücken. Ebenso muss ein Erbrechen nicht direkt Schlimmes befürchten lassen. Hunde besitzen hierfür keine große Reizschwelle. Unverdauliches oder Schädliches wird häufig umgehend wieder erbrochen, ohne dass der Hund in seinem Allgemeinbefinden gestört erscheint. Erbrechen hat somit wie der Durchfall eine gewisse Schutzfunktion. Bei anhaltendem Erbrechen ist aber umgehend tierärztlicher Rat einzuholen. Das Brechzentrum im Gehirn kann nämlich durch eine ganze Reihe von Gesundheitsstörungen gereizt werden. Es muss sich also nicht immer nur um eine banale Magen-Darm-Störung handeln.

Kontakt zu streunenden, verwilderten Hunden

Streunende, verwilderte Hunde gehören in vielen Regionen Süd- und Osteuropas zum normalen Straßenbild. Aufgrund ihrer Lebensbedingungen und der fehlenden medizinischen Versorgung - von einzelnen Projekten der Tierschutzvereine einmal abgesehen - sind sie ein ideales Reservoir für Krankheitserreger. Viele der Hunde werden von Würmern und Hautparasiten geplagt. So fanden sich in der Gegend um Warschau bei nur 3-4%

der Haushunde, aber bei 10-47% herrenloser Hunde Hakenwürmer. Neben Parasiten können sich auch andere Krankheitserreger unter den Hunden ausbreiten. Da sich die Gesundheitsrisiken nicht immer genau abschätzen lassen, sollte ein direkter Kontakt zu streunenden Hunden vermieden werden. Selbst auf den ersten Blick gesund erscheinende Hunde können Überträger von Krankheiten sein.

Schon zum eigenen Schutz sollte man ein wenig Vorsicht walten lassen. So gehen z.B. Hautpilze auch auf den Menschen über. Tollwutinfektionen können nicht nur mit einer gesteigerten Aggressivität, sondern ebenso mit einer auffallenden Zutraulichkeit ansonsten scheuer Tiere einhergehen. In Europa geht zwar die größte Gefahr vom Rotfuchs aus. Laut des europäischen Tollwut-Bulletins der Weltgesundheitsorganisation WHO wurden aber z.B. allein im 2. Quartal 2001 aus Polen 22 Hunde und 56 Katzen, in der Türkei sogar 56 Hunde mit Tollwut gemeldet.

Nicht nur wegen der angesprochenen Gesundheitsrisiken sollten Sie darauf verzichten, verwilderte Tiere durch Fütterungen in die Nähe Ihres Feriendomizils zu locken. Solche durchaus gut gemeinten Fütterungen beruhigen eher das eigene Gewissen, als dass sie den Tieren helfen. Denn was geschieht mit den angelockten Hunden nach der Abreise? Dies alles fördert kaum die Toleranz der Hotel- und Restaurantbesitzer gegenüber diesen Tieren.

Mit dem in diesem Kapitel Gesagten sollen die Straßenhunde nicht verteufelt werden. Es soll Ihren Hund nur vor unnötigen Infektionsgefahren bewahren, Sie aber keinesfalls davon abhalten, etwas gegen das Elend dieser Straßenhunde zu unternehmen. Um auf sinnvolle Weise zu helfen, wenden Sie sich am besten an die lokalen Tierschutzorganisationen. Sie kennen die örtlichen Gegebenheiten und wissen am besten, wie die Probleme angegangen werden müssen. Über finanzielle oder tatkräftige Unterstützung wird man sich sicher freuen.

Zecken, blutsaugende Insekten und die von ihnen übertragenen Krankheiten

Juckende, geschwollene oder entzündete Stichstellen sind noch nicht die schlimmsten Folgen eines Angriffs von Zecken oder blutsaugenden Insekten. Durch die Blutmahlzeit können sie allerlei Keime verschleppen. Ganz gefährlich wird es, wenn sie Träger spezieller Krankheitserreger sind. Hierzu gehören Leishmanien, Babesien, Borrelien, Ehrlichien, Hepatozoon-Arten, FSME-Viren und Herzwürmer. Zecken oder blutsaugende Insekten sind fester Bestandteil ihrer Entwicklungszyklen und aufgrund ihres »blutigen Geschäftes« ideale Überträger. Das Vorkommen solcher Erkrankungen ist somit eng an das Verbreitungsgebiet der Überträger gebunden. Von der Borreliose und der FSME einmal abgesehen, ist dies vor allem der Mittelmeer-Raum mit seinem warmen Klima. Deshalb spricht man häufig einfach von den »Mittelmeerkrankheiten des Hundes«. Aller-

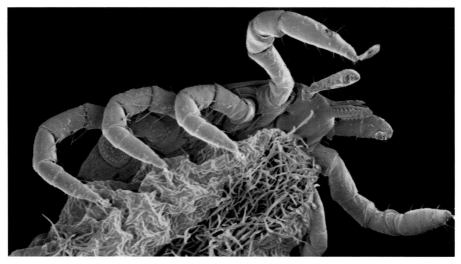

Zecke in Lauerstellung. © Baxter

dings verschiebt sich die Grenze zunehmend nach Norden, werden ständig neue Gebiete erobert.

Derartige besondere Infektionsgefahren sind in die Reiseplanung einzubeziehen. In Risikogebiete sollte man, wenn überhaupt, nur mit einem guten Zecken- bzw. Insektenschutz reisen. Und ganz abgesehen von solchen Gefahren - ohne Zecken, Flöhe oder Mücken wird der Hund den Urlaub einfach unbeschwerter genießen.

Die bei den einzelnen Krankheiten aufgeführten Verbreitungsgebiete erheben keinen Anspruch auf Vollständigkeit. Ausbreitung und Infektionsdaten können sich rasch ändern. Dabei sei darauf hingewiesen, dass eine hohe Infektionsrate nicht bedeuten muss, dass auch entsprechend viele Hunde wirklich erkrankt sind. Ob es nach einer Infektion zum Ausbruch der Krankheit kommt, ist von vielen Dingen abhängig. Werden Erreger nicht ganz eliminiert, so spielt es eine große Rolle, inwieweit das Abwehrsystem sie unter Kontrolle halten kann. Einheimische Hunde können Träger der Erreger sein, ohne (schwer) zu erkranken. Hohe Infektionsraten geben aber einen Hinweis auf das Vorkommen eines Krankheitserregers und die Infektionsgefahr in einer Region.

Zecken

Von den europäischen Zeckenarten kommen vor allem drei als Krankheitsüberträger für den Hund infrage: der so genannte **Holzbock** (Ixodes ricinus), die **Braune Hundezecke** (Rhipicephalus sanguineus) und die **Auwaldzecke** (Dermacentor reticulatus). Der Holzbock trägt besonders zur Verbreitung der Borreliose und der Frühsommermeningoenzephalitis (FSME) bei. Die Braune Hundezecke kann Hunde mit Babesien, Ehrlichien und Hepatozoon canis infizieren. In Auwaldzecken wurden vor allem Babesien, aber auch schon Borrelien und FSME-Viren nachgewiesen. Die Igel- (Ixodes hexagonus) und die Fuchszecke (Ixodes canisuga) spielen eine geringere Rolle. Sie können zwar ebenfalls Krankheiten wie z.B. die Borreliose übertragen. Hunde werden von ihnen aber seltener befallen, meist wenn sie Igelnester aufstöbern oder als Jagdhund im Fuchsbau arbeiten.

All diese Arten gehören zu den Schildzecken, die ein charakteristisches Rückenschild tragen. Dies bedeckt beim Männchen den gesamten Rücken, beim Weibchen nur den vorderen Teil. Die erwachsenen Männchen des **Holzbocks** sind 2,5 mm groß und von schwarzbrauner Farbe. Die bis zu 3,5 mm großen Weibchen sind kastanienbraun mit dunklem Rückenschild vorne. Beide Geschlechter besitzen dunkle Beine. Vollgesogen messen die dann stahlgrauen Weibchen leicht das dreifache an Größe. Erwachsene **Braune Hundezecken** sind von rotbrauner Farbe mit gelbbraunen Beinen. Ihre birnenförmigen Körper sind zwischen 2,5 bis 3 mm groß, vollgesogene Weibchen bis zu 11 mm. Die **Auwaldzecken** sind etwa 3-4 mm groß und von brauner Farbe. Ihr Rückenschild weist eine silbrigweiße Zeichnung auf, das beim Männchen über den ganzen Rücken reicht.

Holzbock und Auwaldzecke sind in Europa weit verbreitet, kommen vor allem zwischen dem 40. und 60. Breitengrad vor und somit vom Mittel-meerraum bis hoch nach Skandinavien. Sie mögen dichten Bodenbewuchs in Wäldern und Parklandschaften, der ihnen die nötige Feuchtigkeit bietet. Flussrandbereiche (Auwälder), hohes Gras am Waldrand und an Wegen, die Nähe zu Wildwechseln, dies alles sind typische Zeckengebiete. Die **Braune Hundezecke** ist hingegen eher in südlichen Regionen beheimatet, zwischen 35° südlicher und 50° nördlicher Breite. In Europa trifft man auf sie vorwiegend im Mittelmeergebiet einschließlich Portugal. Durch die enge Bindung an den Hund findet man sie im Freien vor allem in der Nähe von Wohnsiedlungen. Die Braune Hundezecke erobert aber zunehmend auch nördlichere Regionen. Die niedrigeren Temperaturen übersteht sie

Zeckenweibchen nach der Blutmahlzeit (Holzbock). © Baxter

sicher in Hundezwingern und Wohnungen.

Im Freien lebende Zecken sind stark von den klimatischen Verhältnissen abhängig. Feuchtigkeit und Temperatur spielen dabei entscheidende Rollen. So meidet der Holzbock direkte Sonneneinstrahlung und Trockenheit. Insgesamt besteht für erwachsene Auwaldzecken und Holzböcke jeweils im Frühjahr und Herbst Hochsaison. Im Sommer sind eher die Jugendstadien der Auwaldzecken aktiv. Aber Vorsicht, bereits Temperaturen über

6-10°C, ein paar warme Wintertage können evtl. ausreichen, um Zecken aus ihrer Winterruhe erwachen zu lassen. In Frankreich und Deutschland wurde schon im Januar und Februar ein Befall mit Auwaldzecken festgestellt.

Die Entwicklung der Zecken läuft über verschiedene Stufen ab: Ei-Larve-Nymphe-erwachsene Zecke. Von der Larve bis zur Eiablage ist jeweils eine Blutmahlzeit notwendig. Dies fördert die Übertragung von Krankheiten, da hierbei verschiedene Opfer befallen werden können.

Saug-/Stechwerkzeug einer Zecke (rasterelektronenmikroskopische Aufnahme). © Baxter

Bei der Braunen Hundezecke kommt es in Wohnungen durch die hohe Vermehrungsrate und die jederzeit verfügbaren Opfer nicht selten zu einer wahren Zeckeninvasion. Sie sucht aktiv ihre Opfer auf. Holzbock und Auwaldzecke hingegen warten im Freien je nach Entwicklungsstadium in unterschiedlicher Höhe der Vegetation auf ihre Opfer. Sie heften sich an vorbeistreifende Tiere an. Zecken besitzen an dem vorderen Beinpaar das so genannte Hallersche Organ, mit dem sie potenzielle Opfer erkennen. Unter anderem spielen dabei das CO_2 der Ausatemluft und Erschütterungsreize eine Rolle. Mit ihren Mundwerkzeugen schneiden und stechen sie in die Haut ein. Man

Zeckenprophylaxe

- Meiden von Risikogebieten zur Zeckensaison, z.B. hohes Gras an Waldrändern und -wegen, Auwälder und Wiesen in der Nähe von Flüssen und Bachläufen
- Einsatz von zeckenabschreckenden bzw. -tötenden Mitteln (Halsbänder, Spot-on-Lösungen, Sprays ...)
- Regelmäßige Kontrolle auf Zecken nach den Spaziergängen
- Sofortige Entfernung von entdeckten Zecken

spricht also besser von einem Zeckenstich als von einem Biss. Das Stechwerkzeug besitzt zwar Widerhaken, aber kein Gewinde. Die häufig zur Zeckenentfernung empfohlene spezielle Drehrichtung ist dementsprechend unnötig. Beim Blutsaugen wird eine Menge Speichel mit blutgerinnenden und schmerzlindernden Bestandteilen in die Wunde abgegeben. Deshalb merkt der Hund auch erst einmal nichts von dem Zeckenangriff. Gewöhnlich dauert es mehrere Tage, bis sich die Zecke ganz vollgesogen hat.

Für die Zeckenbekämpfung stehen eine Reihe von Substanzen zur Verfügung. Meist werden Präparate angeboten, die gleichzeitig gegen Floh- und Zeckenbefall schützen sollen. Dabei ist jedoch zu beachten, dass Zecken nicht wie die Flöhe zu den (sechsbeinigen) Insekten, sondern zu den (achtbeinigen) Spinnentieren gehören. Die insektentötende Wirkung ist bei den meisten Mitteln aber stärker ausgeprägt als die auf Zecken. Deshalb versprechen die Produkte häufig gegen Flöhe einen längeren Schutz als gegen Zecken. Es gibt eine Vielzahl von Anwendungsformen. Am häufigsten werden Sprays,

Halsbänder oder Auftropflösungen (spot-on) eingesetzt. Spot-on-Produkte werden von vielen Hundehaltern als sehr praktisch empfunden. Ein paar Tropfen auf die Haut zwischen den Schulterblättern und schon verteilt sich der Wirkstoff in den nächsten Stunden und Tagen über den gesamten Hundekörper. Ähnlich soll sich der Wirkstoff bei den Halsbändern über den Körper ausbreiten. Hinsichtlich der Wirksamkeit, der »Wasserfestigkeit«, Verträglichkeit usw. gibt es aber einige Unterschiede zwischen den einzelnen Präparaten. Gerade der Inhalt freiverkäuflicher Anti-Zecken-Produkte hält nicht immer, was der vollmundige Packungsaufdruck verspricht.

Beim Menschen werden zum Schutz vor Zecken abschreckende Mittel (Repellents) empfohlen, die entweder auf die Kleidung oder direkt auf die Haut aufgetragen werden. In der Tiermedizin baut man eher auf eine Kombination von Abschreckung und Tötung der Zecken. Die Industrie versucht Stoffe zu entwickeln, die selektiv auf Insekten bzw. Zecken wirken und möglichst wenig dem Säugetierorganismus schaden. Trotzdem wird immer wieder über die Ungefährlichkeit einzelner insekten- bzw. zeckentötender Substanzen wie auch synthetischer Repellents diskutiert. So ist es nicht verwunderlich, dass ätherische Öle, Vitamin B1 bzw. Knoblauchgaben und ähnliches immer wieder unter Hundehaltern als Geheimtipp zum Schutz vor Zecken gehandelt werden. Dabei muss die Bezeichnung Naturstoff noch nicht gleich Unbedenklichkeit bedeuten. Auch natürliche Substanzen können lokale Reizungen oder Allergien auslösen.

Die Wirksamkeit von Repellent-Produkten, egal ob auf synthetischer oder natürlicher Basis, ist sehr unterschiedlich. In einer Untersuchung der Stiftung Warentest im April 2001 zeigten die meisten der getesteten 18 Produkte keine befriedigende Wirkung auf Zecken, darunter auch solche mit den vielbesprochenen Neem-/Teebaum- oder Zitronenölen. Nur mit vieren (1 synthetisches, 3 natürliche) konnte man Zecken für einige Stunden auf Distanz halten. Dabei bleibt anzumerken, dass es sich hierbei um einen Test beim Menschen und mit nur einer Zeckenart handelte. Es sei dahingestellt, inwieweit sich dies auf die Verhältnisse beim Hund übertragen lässt. Angesichts der komplexen Materie des Zeckenschutzes und der beim Hund nicht unerheblichen Infektionsgefahren sollten Sie nicht einfach zum nächstbesten Mittel greifen, sondern sich lieber ausführlich vom Tierarzt beraten lassen. Er kennt die Vor- und Nachteile der verschiedenen Wirkstoffe bzw. Anwendungsformen und kann das für

Ihren Fall geeignetste Produkt heraussuchen.

Da alle vorbeugenden Maßnahmen keinen 100%igen Schutz versprechen können, sollte der Hund zur Zeckenzeit nach den Spaziergängen gründlich auf Zecken untersucht werden. Die Jugendstadien von Holzbock und Auwaldzecke finden sich zwar vorwiegend an kleinen Nagetieren, doch wenn sich die Gelegenheit ergibt, nehmen sie auch den Hund als Blutquelle an. Sie setzen sich meist direkt an den Stellen fest, an denen sie das Tier erobert haben: Pfoten, Ohrränder, Augen oder Lefzen. Erwachsene Zecken wandern hingegen oft noch lange am Hund umher, um sich dann erst an Stellen wie der Achsel- und Schenkelfalte sowie im Kopfbereich niederzulassen. Bei regelmäßiger Kontrolle lassen sich solche Zecken entfernen, noch bevor sie stechen können. Und selbst schon festsitzende Zecken sollten sofort entfernt werden. Zumindest bei der Borreliose weiß man, dass eine Hauptübertragung unter Umständen erst nach 1-2 Tagen einsetzt.

Zur leichteren Zeckenentfernung wurde früher das Beträufeln der Zecke mit Öl, Klebstoff oder ähnlichem empfohlen. Dies ist heute überholt. Die Borreliose-Forschung hat gezeigt, dass die auf diese Weise erstickenden Zecken vermehrt Erreger in die Wunde abgeben.

Die Entfernung sollte sehr vorsichtig, ohne Quetschung des Zeckenkörpers, geschehen. Mit einer Pinzette oder mit einer Zeckenzange fasst man den Zeckenkopf dicht oberhalb der

Haut und dreht die Zecke unter leichtem Zug in einer (egal welcher) Richtung heraus. Kontrollieren Sie, ob der Kopf vollständig entfernt wurde. Andernfalls kann es zu lokalen Entzündungen kommen.

Mücken
Von Mücken werden in Europa vor allem zwei Krankheiten auf den Hund übertragen: die Leishmaniose und die Herzwurmerkrankung (Dirofilariose). Weltweit haben sich über 60 Arten der Stechmücken als empfänglich für **Herzwürmer** gezeigt. Angesichts der vielen potenziellen Überträger mit z.T. unterschiedlichen Lebensgewohnheiten ist ein gezielter Mückenschutz nicht einfach. Allgemeine Ratschläge betreffen das Meiden von Wasserstellen, in denen die meisten Arten brüten und die Verwendung von Moskitonetzen an Fenstern und über Schlafstellen. Von einem Repellent wird man

auch kaum Schutz gegen alle Arten erwarten können. Es gibt aber mittlerweile Substanzen, die in Spot-on- oder Tablettenform prophylaktisch gegen eine Herzwurminfektion eingesetzt werden können.

Eine derartige Prophylaxe direkt gegen die **Leishmaniose** existiert nicht. Hier müssen sich die Vorbeugemaßnahmen gegen die Überträger richten. Dies ist im Falle der Leishmanien allerdings nur eine Mückengattung, die der **Sandmücken**. Zum einen gibt es pyrethroidhaltige Mittel wie z.B. Halsbänder mit Deltamethrin zum Schutz gegen die Sandmücken. Einzelheiten zu diesen Produkten - Wirkdauer, weitere Einsatzmöglichkeiten z.B. gegen Zecken etc. - erfahren Sie beim Tierarzt. Zum anderen bieten die besonderen Lebensgewohnheiten der Sandmücke auch einige Anhaltspunkte, um ihren Angriffen vorzubeugen.

Sandmücke auf Finger

Sandmücken sind kleine sandfarbene Mücken mit großen schwarzen Augen. Die Flügelhaltung in Ruhe hat ihnen auch den Namen Schmetterlingsmücken eingebracht. Von den über 20 in Europa beheimateten Arten stehen nur einige im Verdacht, Leishmaniose auf Mensch und Hund zu übertragen. Sandmücken sind nachtaktiv. Tagsüber ziehen sie sich an schattige Plätze, z.B. Mauernischen oder auch Mäuselöcher zurück. Ihre Flughöhe bei der nächtlichen Suche nach neuen Opfern beträgt in der Regel nur wenige Meter, wenn sie nicht durch Lichtquellen, insbesondere normale Glühbirnen, angelockt werden. Da der Stich sehr schmerzhaft ist und die Mücken einige Minuten saugen müssen, haben sie vor allem bei schlafenden Hunden Aussicht auf Erfolg. In der Sandmückenzeit sollten Hunde deshalb nicht im Freien übernachten. Die Saison beginnt, wenn das Thermometer in den Nächten über 20°C klettert und endet, wenn die Temperaturen nachts unter 15°C sinken. In Portugal, Südfrankreich und dem Norden von Spanien, Italien, Griechenland ist dies meist zwischen Mitte Mai und Oktober, im Süden Spaniens, Italiens und Griechenlands dagegen von April bis November zu erwarten.

Eine Ferienwohnung in oberen Stockwerken ist wegen der bevorzugten Flughöhe der Sandmücken von Vorteil. Glühbirnen sollte man gegen andere Lichtquellen austauschen, z.B. Neonröhren oder Energiesparlampen, deren Wellenlänge außerhalb des bei der Mücke beliebten gelb-orangen

Bereichs liegen. Engmaschige (< 0,4 mm) Moskitonetze an Türen, Fenstern und über Schlafplätzen sollen zusätzlich den Schutz vor unliebsamen Besuch erhöhen. Im Gegensatz zu den meisten Stechmückenarten brüten sie nicht an Wasseroberflächen, sondern im feuchten Erdreich. Man findet sie deshalb häufig dort, wo der Mensch durch Bewässerung, undichte Rohrleitungen oder Kompostierung derartige Bedingungen schafft.

Sandmücken sind in Europa nicht nur in den Mittelmeerländern einschließlich Portugals und der Türkei verbreitet. Berichte über Sandmückenfunde liegen auch aus nördlicheren Regionen z.B. aus der Schweiz und Süddeutschland vor. Das Vorkommen von Sandmücken bedeutet selbstverständlich nicht direkt auch eine Leishmaniose-Gefahr. Die oft geäußerte Meinung, dass eine Ausbreitung der Leishmaniose in nördlichen Ländern allein schon deshalb nicht zu befürchten sei, weil die Überträgermücken dort nicht überleben könnten, muss aber dementsprechend revidiert werden. Es bleibt abzuwarten, in welchen Regionen noch Sandmücken entdeckt werden, wo man ihr Vorkommen eigentlich ausschloss. Schließlich galt auch Deutschland lange Zeit als sandmückenfrei, bis 1999 der erste Fund in Süddeutschland dokumentiert wurde.

Flöhe
Bei der Blutmahlzeit der Flöhe ist zwar grundsätzlich eine Keimverschleppung möglich und auch eine Übertragung spezieller Erreger wird

Floh in Seitenansicht. © Pfizer

nehme allergische Hautreaktionen hervorrufen können.

Durch ihre enorme Vermehrungsrate werden Flöhe schnell zur Plage. In ihrer Entwicklung machen sie von der Eiablage verschiedene Larvenstadien durch. Unter günstigen Bedingungen dauert es beim Katzen- oder Hundefloh nur 2 bis 3 Wochen bis aus mehreren Tausend Eiern Flöhe geworden sind. Ein Pharmakonzern warb einmal eindrucksvoll mit einer Grafik, die zeigte, wie in nur 8 Wochen aus einem Floh über 100.000 werden können. Die Eier werden ins Fell - aus denen sie zum Großteil wieder abfallen - oder direkt in Teppichen, Polstermöbeln oder Fußbodenritzen abgelegt. Die Larven ernähren sich von organischem Material, z.B. Hautschuppen und dem Flohkot. Der Schlupf der Flöhe aus den Puppen scheint durch verschiedene Reize z.B. Erschütterungen gefördert zu werden, die eine Anwesenheit potenzieller Opfer ver-

hin und wieder diskutiert. Als Krankheitsüberträger steht der Floh beim Hund aber vor allem wegen der Verbreitung des Gurkenkernbandwurms (Dipylidium caninum) im Blickpunkt. Dies ist eine verhältnismäßig harmlose Erkrankung, verglichen mit den Gefahren, die von Zecken oder Mücken ausgehen können. Die Bandwurmeier werden von den gefräßigen Flohlarven aufgenommen. Der Hund infiziert sich, wenn er die daraus entstandenen Flöhe bei der Fellpflege herunterschluckt. Deshalb ist nach einem Flohbefall auch meist eine Bandwurmkur fällig.

Ein guter Flohschutz ist aber auch aus anderen Gründen sinnvoll. Flöhe können den Hunden arg zusetzen. Vor allem die Katzenflöhe sind recht bluthungrig und stechen häufig. Das führt zu einer Vielzahl juckender Stichstellen, die sich durchs Kratzen leicht entzünden können. Darüber hinaus enthält der Flohspeichel stark allergisierende Substanzen, die beim Hund unange-

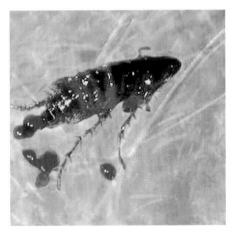

Floh bei der Blutmahlzeit. © Pfizer

Flohbrut: Larven, Eier ... © Pfizer

heißen. Nur bis zu 5% einer Flohpopu-lation befinden sich direkt am Tier. Der Rest bevölkert als Eier, Larven und Puppen die Umgebung, vor allem Schlaf- und Lieblingsplätze des Hundes. Gefahr droht dementsprechend nicht nur bei direktem Kontakt zu verflohten Tieren.

Im Urlaub kann sich der Hund schnell einmal einen Floh einhandeln. Das warme Sommerklima bietet den Flöhen die Voraussetzung einer raschen Vermehrung selbst im Freien. Flöhe sind nicht sehr wirtsspezifisch bei der Auswahl ihrer Opfer. So finden sich beim Hund sogar öfter Katzen-statt Hundeflöhe. Daneben spielen auch Igel- und sogar der Menschen-floh eine Rolle. Umgekehrt verschmä-hen hungrige Flöhe vom Hund selbst den Menschen nicht als Blutquelle.

Die Auswahl an Produkten zur Flohprophylaxe scheint für den Laien noch unüberschaubarer als die der Zeckenpräparate zu sein. Dass viele Substanzen besser gegen Flöhe als gegen Zecken wirken, heißt noch nicht, dass Flöhe einfach in Schach zu halten sind. Allein unter den vielen angebote-nen Halsbändern bestehen größere Unterschiede. Sie beruhen nicht nur auf verschiedenen Wirkstoffen, son-dern auch auf der unterschiedlichen Freigabe der Sub-stanzen. Bei einer Flohallergie müssen die Mittel so schnell wirken, dass Flöhe gar nicht erst stechen können. Bei der Auswahl der richtigen Floh-prophylaxe gilt es also einiges zu beachten. Am besten lässt man sich vom Tierarzt ausführlich beraten.

Lyme-Borreliose

Ihren Namen verdankt diese Krankheit der Stadt Lyme in Connecticut, USA. Anfang der achtziger Jahre konnte der Arzt W. Burgdorfer aus Zecken ein schraubenförmiges Bakterium isolie-ren, das unter den Einwohnern der Stadt mysteriöse Krankheitsfälle mit Gelenkbeschwerden verursacht hatte. Es wurde nach ihm Borrelia burgdor-feri benannt. Berichte über den Nach-weis ähnlicher Infektionen beim Hund folgten.

Im Gegensatz zu den USA kom-men in Europa mehrere Arten dieses Bakteriums vor. Dies ist auch ein Grund dafür, warum es bisher noch keinen Impfstoff für den Menschen in Europa gibt.

Überträger dieser Krankheit sind Zecken, im europäischen Raum vor allem der Holzbock. Borrelien konnten aber auch schon in anderen Zeckenarten (z.B. Igel-, Fuchs- und Auwaldzecke) nachgewiesen werden. Die Borrelien können über die Eier von einer Zeckengeneration zur nächsten übertragen werden. Allerdings scheint die größte Infektionsgefahr von Nymphen und erwachsenen Zecken auszugehen. In einer Untersuchung im Stuttgarter Raum stellten sich bis zu 40% der erwachsenen Zecken als befallen heraus, während es bei den Nymphen zwischen 5-12%, bei den Larven maximal nur 1% waren. Allgemein wächst die Gefahr einer Erregerübertragung mit zunehmender Saugdauer. So kann unter Umständen die Hauptübertragung erst nach 1-2 Tagen einsetzen. Deshalb ist eine tägliche Kontrolle auf Zecken mit frühzeitiger Entfernung sinnvoll.

Die Borreliose gehört nicht zu den so genannten Mittelmeerkrankheiten, mit infizierten Zecken muss mit regionalen Unterschieden in ganz Europa gerechnet werden. In Deutschland geht man heute von einem durchschnittlichen Befall der Zecken zwischen 10 bis 30% aus. Aus der Südschweiz (Ticino, 1997) gibt es Angaben von nur 2%, im Züricher Raum rechnet man mit bis zu 50%. In Schweden wurden laut eines Berichtes von 1995 durchschnittlich 10-15% positive Zecken gefunden.

Es ist nicht immer leicht, eine Borreliose-Erkrankung als solche zu erkennen. Erste deutliche Symptome zeigen sich oft erst nach längerer Zeit, wenn man als Hundebesitzer den Zeckenstich längst vergessen hat. Darüber hinaus können mit einer Borreliose die unterschiedlichsten Krankheitszeichen einhergehen. Oft beginnt es recht unspezifisch mit Appetitlosigkeit, Abgeschlagenheit und Fieberschüben. Die beim Menschen typische »Wanderröte«, eine von der Stichstelle »wegwandernde« Hautrötung wird selbst bei hellhäutigen Hunden kaum gesehen. Als häufigste Folge einer Borrelioseinfektion gelten beim Hund immer wiederkehrende Lahmheiten aufgrund von wechselnden Gelenkentzündungen und möglicherweise ausgeprägten Muskelschmerzen. Daneben sind aber auch Nierenfunktionsstörungen, neurologische Symptome (z.B.

Schraubenförmiges Borreliose-Bakterium. © Baxter

Hinterhandschwächen), Herzrhythmusstörungen und lokalisierte Hautveränderungen beschrieben.

Borrelien können Menschen und Hunde infizieren. Hunde scheinen aber weitaus gefährdeter zu sein. Viele Hunde weisen Antikörpertiter auf, haben also Kontakt zu Borrelien gehabt. Sie werden aber nicht unbedingt krank. Dies erschwert die Diagnosestellung zusätzlich zu den oft unklaren Krankheitserscheinungen. Zur **Behandlung** werden über mehrere Wochen Doxycyclin oder Penicilline verabreicht.

Zur **Vorbeugung** sind die allgemeinen Maßnahmen zum Schutz vor Zecken zu beherzigen (s.Seite 69). Darüber hinaus gibt es für Hunde einen auf einem Borrelia burgdorferi-Stamm basierenden Impfstoff. Hinsichtlich der **Gefahr für den Menschen** sprachen verschiedene Berichte von keinem höheren Infektionsrisiko bei Hundehaltern. Es lässt sich aber sicher nicht ganz ausschließen, dass man sich vielleicht beim Schmusen mit dem Hund eine noch umherkrabbelnde Zecke einhandelt. Die regelmäßige Kontrolle des Hundes kommt somit Mensch und Hund zugute.

Die Frühsommer-Meningoenzephalitis **(FSME)** ist eine beim Menschen gefürchtete Viruserkrankung, die von Zecken übertragen wird. Dass auch Hunde davon betroffen sein können, ist nur wenigen Hundehaltern bekannt. Größere Aufmerksamkeit zieht diese Krankheit beim Hund erst seit den neunziger Jahren auf sich. Inzwischen sind Fälle aus verschiedenen Ländern wie z.B. der Schweiz, Österreich, Deutschland und Tschechien bekannt. Untersuchungen von Hundeblutseren zeigten, dass Hunde wohl häufiger mit diesem Virus in Kontakt kommen. Untersuchungen in der Schweiz, Süddeutschland und Österreich ergaben zwischen 5% bis über 20% antikörperpositiver Proben. Demgegenüber ist die Anzahl der bisher dokumentierten Krankheitsfälle relativ gering. Das scheint die Vermutung zu bestätigen, dass sich der Hund mit diesem Virus infizieren kann, aber selten daran wirklich erkrankt.

Auf der Basis der bisher dokumentierten Fälle muss wohl mit ähnlichen **Krankheitszeichen** wie beim Menschen gerechnet werden. Nach unspezifischen Symptomen wie Appetitlosigkeit, Apathie, Fieber sind schließlich neurologische Symptome möglich. Wie der Name Meningoenzephalitis schon andeutet, kann das Virus Entzündungen an Hirnhäuten und Gehirn (aber auch im Bereich des Rückenmarks) hervorrufen. Wesensveränderungen, Bewusstseinsstörungen, Koordinationsstörungen, Krämpfe, Lähmungen und Nackensteifigkeit sind u.a. beschrieben. Neben rasanten Verläufen mit Todesfällen innerhalb weniger Tage sind auch mildere Krankheitsformen bekannt, von denen sich die Hunde innerhalb von Wochen bis Monaten erholten.

Der Name Frühsommer-Meningoenzephalitis ist etwas irreführend. Zwar gilt das Frühjahr als Hauptinfektionszeit, doch Infektionen sind die

ganze Zecken-
saison bis in den
Herbst hinein
möglich. Eine
andere Bezeich-
nung für diese Er-
krankung, zentral-
europäische Ze-
ckenenzephalitis,
gibt einen Hinweis
zur Verbreitung
des Virus. Sie ist
in Europa auf ein-
zelne Länder und
dort wiederum auf
bestimmte Gebiete
beschränkt. Groß-
britannien, die ibe-
rische Halbinsel

Weiblicher Holzbock (Ixodes ricinus) © Baxter

und die Beneluxstaaten gelten bisher
als frei von FSME. Größere FSME-
Gebiete sind aus Österreich, Polen,
Ungarn, Tschechien, Slowakei, Slowenien und Südschweden bekannt. In
Regionen Bayerns und Baden-Würt-
tembergs sollen bis zu 5% der Zecken
mit dem Virus infiziert sein. In anderen Ländern sind nur kleinere Gebiete
beschrieben: Dänemark, Italien, Griechenland, Frankreich, Norwegen,
Finnland und innerhalb Deutschlands
im Bereich des Odenwalds und Rhein-
land-Pfalz. Über die aktuellen Risikogebiete sollte man sich vor einer Reise
informieren. Informationsmaterial findet man u.a. bei Ärzten und Apothe-
ken, aktuelle Übersichten und Karten
in den Broschüren und Internetseiten
der Hersteller von Humanimpfstoffen,
z.B. unter www.baxter.de.

Übertragen wird dieses Virus von
Zecken, vor allem dem Holzbock. Es
konnte jedoch auch schon in anderen
Zeckenarten, wie z.B. der Igel- oder
der Auwaldzecke nachgewiesen werden. Im Gegensatz zur Borreliose geht
man bei der FSME von einer rasch
nach dem Stich einsetzenden Erregerübertragung aus.

Da es sich um eine Viruserkrankung handelt, steht keine direkt gegen
den Erreger gerichtete Therapie zur
Verfügung. Deshalb kommt der allgemeinen Zeckenprophylaxe große Bedeutung zu (s. Seite 69). Ein Impfstoff
für Hunde wird nicht angeboten. Es
hat jedoch schon positive Versuche mit
Humanimpfstoffen gegeben. Wenn
Hunde auch vielleicht nicht sehr empfänglich für diese Viruserkrankung
sein mögen, so sollte man sich schon
zum eigenen Schutz rechtzeitig über
die Risikogebiete informieren.

Hepatozoon canis ist ein einzelliger Parasit, der nicht selten zusammen mit anderen Erregern von Mittelmeerkrankheiten beim Hund vorkommt. Wichtigster Überträger von Hepatozoon canis ist die Braune Hundezecke. Im Gegensatz zu anderen von Zecken übertragenen Krankheiten geschieht dies jedoch nicht beim Zeckenstich, sondern wenn der Hund infizierte Zecken bei der Fellpflege zerbeißt und verschluckt. Im Hundedarm werden die Hepatozoon-Entwicklungsstadien frei und gelangen durch die Darmwand in den Blutkreislauf. Darüber hinaus scheinen sich Welpen schon im Mutterleib infizieren zu können.

Außerhalb der südlichen Länder wurde er bisher nur selten diagnostiziert. Man nimmt an, dass er vor allem bei jungen oder immungeschwächten Tieren Krankheitserscheinungen auszulösen vermag. Und diese können dann noch von den gleichzeitig bestehenden anderen Infektionen verschleiert sein. Wenn Hepatozoon canis Krankheitserscheinungen hervorruft, dann treten sie häufig in einzelnen Schüben auf und sind recht unspezifisch: Fieber, Anämie, Appetitlosigkeit, Abgeschlagenheit, Abmagerung, Lymphknotenschwellungen, Nasen- und Augenausfluss, Durchfälle, Erbrechen und Schmerzhaftigkeit der Muskulatur mit steifem Gang.

Die Therapie gestaltet sich schwierig, nicht nur weil die Hepatozoonose meist erst im späteren Stadium erkannt wird. Die Wirkung verschiedener Substanzen wird kontrovers diskutiert (Sulfonamide, Tetracycline, Imidocarb und Toltrazuril werden z.T. in Kombination versucht). Dabei spielen jedoch auch die meist zusätzlich bestehenden anderen Infektionen eine Rolle.

In Europa ist Hepatozoon canis vor allem in der Mittelmeerregion beheimatet. In diesem Zusammenhang werden vor allem Frankreich (z.B. Umgebung von Sommières), Italien (z.B. Sizilien, Sardinien, Rom und die Provinz Imperia), Portugal (z.B. Lissabon, Alcácer do sol und die Region Alto-Doura), Spanien und Griechenland genannt. Durch eingeschleppte infizierte Zecken sind aber Infektionen auch in anderen Ländern nicht auszuschließen. Zur Vorbeugung muss auf die allgemeine Zeckenprophylaxe zurückgegriffen werden (siehe Seite 69).

Die **Ehrlichiose** des Hundes ist eine durch Zecken übertragene Krankheit. Die Erreger gehören zu einer besonderen Art von Bakterien, den Rickettsien. Sie vermehren sich im Inneren von Körperzellen, im Falle der Ehrlichiose in denen des Blutes. Je nach Ehrlichia-Art sind bestimmte weiße Blutkörperchen bzw. die Blutplättchen befallen. Bei allen Formen ist eine erhöhte Blutungsneigung auffallend. Dies kann sich in punktförmigen Blutungen an den Schleimhäuten, wiederkehrendem Nasenbluten, aber auch durch Einblutungen in Gelenke, Bluthusten und blutigen Durchfällen oder Erbrechen äußern. Daneben sind noch andere Störungen des Blutbildes, Gliedmaßenödeme, Lahmheiten und verschiedene neurologische Störungen als

Folgen einer Ehrlichiose beschrieben. Ehrlichia canis ist die bekannteste Art beim Hund. Sie befällt Monozyten, eine Art der weißen Blutkörperchen. Bei ihr kennt man dreiphasige Krankheitsverläufe: Einer anfänglichen akuten Phase mit unspezifischen Symptomen wie Fieberschüben und Abgeschlagenheit folgen oft mehrere Jahre ohne deutliche Krankheitszeichen. Gelingt es dem Hundeorganismus nicht, den Erreger zu eliminieren, so kann es in einer dritten Phase zu Ausbruch der oben geschilderten Symptome, vor allem dramatischen Blutungen kommen. Welche Faktoren Einfluss auf die Krankheitsausbrüche haben, ist noch nicht genau geklärt. Unter anderem wird eine Rassedisposition z.B. beim Deutschen Schäferhund diskutiert.

Überträger von E. canis ist die Braune Hundezecke. Infektionen mit dieser Art sind in Europa aus Portugal, Spanien, Frankreich, Italien, dem Gebiet des ehemaligen Jugoslawiens, Ungarn, Polen, Griechenland, Österreich, der Schweiz, Dänemark, Irland, den Niederlanden und Deutschland bekannt. Besondere Gefahr besteht vor allem in den südlichen Ländern, in denen die Braune Hundezecke heimisch ist. Bei einzelnen Untersuchungen Mitte der 90er Jahre besaßen in Süditalien von 423 Hunden 85 Antikörper gegen E. canis, in Portugal waren von 104 Hunden sogar 50% seropositiv. Durch Einschleppung infizierter Zecken kann es aber auch in den nördlicheren Ländern zu Infektionen mit E. canis kommen.

Bei den Ehrlichiosen rückt in letzter Zeit eine Form in den Blickpunkt, die eine andere Art von Blutzellen als E. canis befällt und die bei den verschiedenen Tierarten und dem Menschen identisch sein könnte (granulozytäre Form der Ehrlichiose). Als Überträger käme der Holzbock in Betracht. Beim Hund gibt es im europäischen Raum Berichte über Fälle z.B. in der Schweiz, Schweden, Italien, Großbritannien, Irland, Slowenien. In der Schweiz fanden sich laut eines Berichtes von 1998 unter 996 Hunden nur 2,2% mit Antikörpern gegen E. canis, 7,5% besaßen aber welche gegen Erreger dieser granulozytären Form. In Schweden rechnet man sogar mit etwa 17% positiver Hunde.

Somit können die Schutzmaßnahmen gegen Zecken (s. Seite 69) als Vorbeugung einer Ehrlichiose-Infektion wohl in ganz Europa empfohlen werden. Grundsätzlich ließen sich auch Tetracycline prophylaktisch einsetzen. Inwieweit dies im Einzelfall sinnvoll ist, sollte mit dem Tierarzt besprochen werden. Tetracycline werden auch zur Therapie eingesetzt, gerade bei den häufigen Doppelinfektionen mit Babesien oft zusammen mit Imidocarb.

Dirofilaria immitis, der Herzwurm des Hundes, siedelt sich im rechten Herzen und der Lungenarterie an. Erwachsene Herzwürmer sind etwa 1 mm dick und bis zu 30 cm lang. Ihre Anzahl liegt oft nur bei einzelnen Exemplaren, im Extremfall kann sie jedoch hunderte betragen. Je nach Be-

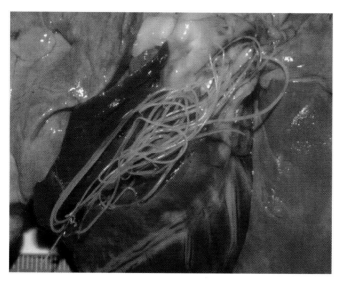

Herzwürmer im Sektionsbild. © Pfizer

Außentemperaturen über 21 °C vorteilhaft, weshalb die Herzwurmerkrankung in Europa vor allem in den südlichen Ländern verbreitet ist (Griechenland, Portugal, Frankreich, Italien, Spanien). In manchen Regionen besteht ein besonders hohes Infektionsrisiko. Dies gilt z.B. für das südliche Spanien, die Kanarischen Inseln.

fallsstärke und Dauer der Infektion reicht das Spektrum von kaum merklichen Symptomen über milde Verläufe mit eingeschränkter Leistungsfähigkeit und blassen Schleimhäuten bis hin zu hochgradigen Atem- und Herzproblemen. Vorrangig sind Herz und Lunge betroffen. Durch immunologische Vorgänge sind aber auch die Nieren, durch Stauungen im Blutkreislauf die Leber gefährdet. Herzwürmer können bis zu 7 Jahren im Hund überleben und dabei ihre Nachkommenschaft, die so genannten Mikrofilarien, ins Blut abgeben. Weltweit haben sich über 60 Arten von Stechmücken als empfänglich für Herzwürmer erwiesen, darunter die **Haus-** (Culex-Arten), **Fieber-** (Anopheles-Arten) und **Wald- und Wiesenmücken** (Aedes-Arten). In der Mücke macht die Mikrofilarie mehrere Larvenstadien durch. Hierfür sind

Untersuchungen an über 2000 Hundeblutproben Mitte der 90er Jahre sprachen von Infektionsraten von über 50% auf Gran Canaria, auf Teneriffa waren nach einem Bericht von 1999 immerhin 22,6% von 700 Hunden infiziert. In Italien gilt vor allem die Po-Ebene als besonderes Risikogebiet. In den letzten Jahrzehnten soll sich dieses Gebiet erheblich ausgedehnt haben. So gelten nun z. B. auch verschiedene Provinzen in den Regionen Veneto und Friaul-Venezia Giulia als betroffen. Infektionsgefahr soll bis hoch an den Südrand der Alpen, der Grenze zur südlichen Schweiz bestehen. Es wurden auch einige Fälle aus der Südschweiz, dem Tessin bekannt. Ebenso ist in Frankreich nicht mehr nur der Süden, z.B. Korsika, betroffen, Infektionsgefahren sollen selbst in Regionen bis nördlich von Paris drohen. Die Larvenentwicklung in der Mücke scheint sich an niedrigere Durchschnittstemperaturen angepasst zu haben.

Beim Mückenstich gelangt die Herzwurmlarve nicht direkt in den Blutstrom. An der Einstichstelle wandert sie in die Haut ein, um auf diesem Wege zu Kopf, Hals und Schulter des Hundes zu kommen. Diese Gewebewanderung, auf der die Larve sich weiterentwickelt, dauert Wochen bis Monate. Erst dann dringt sie in die Blutgefäße ein und erreicht schließlich als fertiger Herzwurm das rechte Herz und die Lungenarterie.

Allgemein gilt es zur Vorbeugung die allgemeine Schutzmaßnahmen gegen Mücken zu berücksichtigen. Darüber hinaus lässt sich auch ganz spezifisch gegen eine Herzwurminfektion Vorsorge treffen. Es gibt zwar kein speziell zur Vorbeugung gegen eine Herzwurmübertragung zugelassenes »Mückenmittel«. Aber einige Wirkstoffe haben sich als erfolgreich erwiesen, die Herzwurmentwicklung schon während der Gewebewanderung zu unterbrechen, so z.B. Selamectin oder Milbemycinoxim. Zur Herzwurm-Prophylaxe werden sie als spot-on oder Tabletten einmal im Monat verabreicht.

Sollte man vielleicht erst am Urlaubsort von einer besonderen Herzwurmgefahr erfahren, hat ihr Einsatz durch ihre Wirkung auf die im Gewebe wandernden Larven selbst dann noch Aussicht auf Erfolg. Die genauen Fristen und weitere Einzelheiten erfahren Sie beim Tierarzt. So weisen die Substanzen noch eine Wirkung gegenüber anderen Parasiten auf, das Selamectin z.B. gegen Flöhe, bestimmte Milben und Magen-Darm-Würmer.

Falls man den Hund in ein Risikogebiet mitnimmt, so ist eine gute Prophylaxe wirklich anzuraten. Sollten sich nämlich erst einmal erwachsene Herzwürmer gebildet haben, so ist zwar eine Behandlung möglich, aber mit einigen Risiken verbunden. Je nach Befallsstärke und Zustand des Hundes kann es bei der Behandlung allein schon durch die abgeschwemmten toten Würmer zu ernsten Komplikationen kommen. Solche Behandlungen erfordern eingehende Untersuchungen und strenge Überwachung des Hundes. Zur Therapie gegen die erwachsenen Würmer kommen arsenhaltige Substanzen zur Anwendung. Diese wirken jedoch nicht gegen die Mikrofilarien. Diese müssen nach eini-

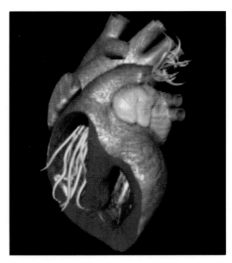

Herzwürmer im Schema. © Pfizer

gen Wochen in einem zweiten Schritt mit anderen Mitteln bekämpft werden.

Babesien sind einzellige Parasiten, die beim Hund die roten Blutkörperchen befallen und zerstören. Man unterscheidet kleine und große Babesien. Kleine Babesienformen schienen bisher in Europa nur eine untergeordnete Rolle zu spielen. Babesia gibsoni ist vor allem in Asien, Afrika und Nordamerika verbreitet. Allerdings fand sich laut eines Berichtes von 2001 im Nordwesten Spaniens bei über 150 Hunden eine neue kleine Babesienart. Hier gilt es noch weitere Forschungsergebnisse abzuwarten.

Die großen Babesien-Formen des Hundes werden unter der Bezeichnung Babesia canis zusammengefasst. In Europa sind zwei von Interesse, Babesia canis canis und Babesia canis vogeli. B.c.canis (Auwaldzecken als Überträger) verursacht schwerere Krankheitsverläufe als B.c.vogeli (Braune Hundezecke als Überträger).

Babesiosen sind in den Mittelmeer-Anrainerstaaten einschließlich Portugal weit verbreitet. Doch auch von anderen Ländern werden immer wieder Fälle gemeldet, so z.B. der Schweiz oder dem Gebiet des ehemaligen Jugoslawiens. Besondere Infektionsgefahr droht in Ungarn, wo vor allem in der Region rund um den Plattensee Auwaldzecken infiziert sind. Diese Zeckenart gilt auch in einigen Gebieten Deutschlands als Überträger. Seit längerem ist die Schwarzwaldregion rund um Kehl, Offenburg, Emmendingen, Lahr und Freiburg im

Breisgau als Risikogebiet bekannt. Erst in den letzten Jahren kamen noch Regensburg und das östliche Stadtgebiet von München hinzu.

Der Krankheitsverlauf ist nicht nur von der Babesienart abhängig. Auch andere Faktoren wie das Alter oder die gar nicht so seltene Parallelinfektion mit z.B. Ehrlichien oder Leishmanien können einen Einfluss darauf haben. Aufgrund von Untersuchungen in Frankreich und Italien ist zu vermuten, dass Hunde nicht immer Krankheitssymptome entwickeln müssen. Allerdings ist zu berücksichtigen, dass die Babesiose immer wieder einzelne Krankheitsschübe auszulösen vermag. Die Symptome können dabei z.T. direkt auf die Zerstörung der roten Blutkörperchen zurückgeführt werden. Neben Fieber fallen Hundebesitzern häufig die blassen oder gelblich verfärbten Schleimhäute, die allgemeine Abgeschlagenheit und ein durch den Blutfarbstoff dunkel gefärbter Urin auf. Daneben kann es unter Beteiligung anderer Organsysteme zu den verschiedensten Gesundheitsstörungen kommen. Beschrieben sind u.a. Nierenversagen, Atem- und Herzprobleme, Augenerkrankungen, Entzündungen der Bauchspeicheldrüse, neurologische Störungen (z.B. Koordinationsprobleme oder epileptiforme Anfälle) und eine erhöhte Blutungsneigung. Neben chronischen oder milden akuten Verlaufsformen sind auch dramatische Erkrankungen mit Todesfolge möglich. Solche akuten Geschehen erfordern eine intensive klinische Betreuung des Hundes, nicht selten mit Bluttransfusionen. Verschiedene Substanzen wie das Imidocarb oder das Phenamidin besitzen eine Wirkung auf Babesien. Babesienwirksame Medikamente sind in Deutschland jedoch nicht zugelassen und können auch nicht in allen Fällen vor Rückfällen schützen. Darüber hinaus gilt es Nebenwirkungen zu berücksichtigen. Deshalb kommt den Vorbeugemaßnahmen eine große Bedeutung zu, vor allem der Zeckenprophylaxe (s. Seite 69).

Darüber hinaus versucht man mit Impfungen (Frankreich und Schweiz) oder prophylaktischer Medikamentengabe (z.B. Imidocarb, Doxycyclin) schwere Erkrankungen zu verhindern. Inwieweit dies im Einzelfall sinnvoll bzw. überhaupt möglich ist (Impfstoff in Deutschland nicht zugelassen), muss mit dem Tierarzt besprochen werden.

Die **Leishmaniose** des Hundes ist nicht zuletzt deshalb ein interessantes Forschungsgebiet, weil Hunde in Europa als Erreger-Reservoir für die Eingeweide-Leishmaniose gelten, die auch den Menschen befällt. Leishmanien sind einzellige Parasiten, die über Sandmücken übertragen werden (s. Seite 71). Die Einteilung der verschiedenen Arten ist noch nicht abgeschlossen. Leishmanien sind in den warmen Klimazonen aller Kontinente außer Australien verbreitet. Weltweit, so schätzt man, sind etwa 12 Millionen Menschen mit Leishmanien infiziert. Beim Menschen lassen sich verschiedene Krankheitsbilder unterscheiden, vor allem die Eingeweide-, die Haut- und die Schleimhaut-Leishmaniose. In Europa ist die hier dominierende Leishmania infantum vorwiegend als Auslöser der Eingeweide-Leishmanio-

Leishmaniose: »Brillenbildung« - ringförmiger Haarausfall im Augenbereich.

Offene Wunden bei einer Leishmaniose.

se bei Kindern bekannt. Mit der Verbreitung der HIV-Infektionen kamen aber auch immer mehr Patienten im Erwachsenenalter hinzu.

Beim Hund ruft Leishmania infantum in der Regel sowohl Störungen innerer Organe als auch Hautveränderungen hervor. Die Inkubationszeit kann von wenigen Wochen bis zu Jahren dauern. Erste Krankheitszeichen sind dementsprechend auch noch Jahre nach einem Urlaub möglich! Ob und wie die Krankheit ausbricht, scheint von verschiedenen Faktoren abzuhängen. Auf eine genetische Komponente weisen Berichte von den Balearen hin, die bei »ibizian hounds« (Podenco ibicenco) weitaus weniger Krankheitsfälle als bei anderen Rassen beschreiben. Auch den Unterschieden zwischen den verschiedenen regionalen

Leishmania infantum-Stämmen wird ein entsprechender Einfluss zugeschrieben. Die Erkrankung kann unterschiedliche innere Organe in Mitleidenschaft ziehen, besonders häufig werden Nierenfunktionsstörungen gesehen. Dem Hundehalter zeigt sich die Erkrankung oft mit etwas unklaren und in Schüben auftretenden Symptomen: Fieber, Durchfälle, Abmagerung, Gangstörungen, Nasenbluten, Lymphknotenschwellungen, Augenentzündungen ....

Recht vielfältig präsentieren sich die Hautveränderungen einer Leishmaniose. Die Hunde besitzen z.T. ein schütteres Haarkleid und neigen zur Bildung großer, fettiger Schuppen. Verkrustete oder auch offene, nässende Hautläsionen finden sich vor allem an der Nase, im Augenbereich, an den Ohrrändern und den Pfoten. Der Haarausfall kann auf einzelne Körperstellen begrenzt sein (»Brillenbildung«) oder den gesamten Körper einnehmen. Entzündungen am Krallenbett führen zu Krallendeformationen. Abbau der Gesichtsmuskulatur lässt zuweilen den Hundekopf kantiger und älter erscheinen.

Unbehandelt führt die Erkrankung meist zum Tode. Mit den bisher zur Verfügung stehenden Medikamenten lassen sich zwar die Krankheitserscheinungen mildern, die Erreger aber nicht sicher eliminieren. Die Behandlung ist langwierig und kann sehr kostenaufwendig werden. Die »Heilungsaussichten« stehen umso besser, je eher mit der Therapie begonnen werden kann. Wegen der teilweise erheblichen Nebenwirkungen der Medikamente sollten die erregerbedingten Organschäden noch nicht zu weit fortgeschritten sein. Zur Behandlung einer Leishmaniose werden verschiedene Wirkstoffe eingesetzt. Dabei hat sich herausgestellt, dass eine Substanz, die in einem Land erfolgreich angewandt wird, nicht automatisch auch in anderen Regionen Erfolg versprechen muss. Zum Einsatz kommen Wirkstoffe aus ganz verschiedenen Substanzklassen und Anwendungsbereichen, die z.T. auch kombiniert verwendet werden, vor allem fünfwertige Antimonverbindungen (N-Methylmeglucamin-Antimoniat, Na-Stibogluconat) und Allopurinol (Substanz zur Gichtbehandlung aus der Humanmedizin). Daneben sind Versuche mit Pentamidin, Paromomycin (Aminoglykosid-Antibiotikum), Levamisol (Substanz gegen Rundwürmer, der auch immunstimulierende Wirkung nachgesagt wird) oder Ketokonazol (Substanz zur Behandlung von Pilzerkrankungen) beschrieben. Auch ein ursprünglich aus der Tumortherapie des Menschen stammende Substanz wurde an den Hund angepasst und getestet (Oleyl-Phosphocholin). Angesichts der Schwierigkeiten einer Therapie kommt der Vorbeugung große Bedeutung zu. Auf jeden Fall sollte man sich über die Leishmaniose-Gefahr eines anvisierten Urlaubsziels informieren. Gibt es keine Alternative und soll ein Hund mit in ein Risikogebiet reisen, so sollten die Schutzmaßnahmen gegen Sandmücken beherzigt werden (s.Seite 71). Neben den allgemeinen Verhaltensregeln kommen auch Pyrethroid-Präparate (z.B. deltamethrinhaltige Halsbänder) infrage. Um eine Infektion möglichst früh behandeln zu können und somit die Gefahr von Komplikationen zu verringern, wird eine entsprechende Blutuntersuchung des Hundes nach jedem Aufenthalt in einem Risikogebiet empfohlen.

Die Hunde-Leishmaniose ist in den südeuropäischen Ländern weit verbreitet. Hier sei noch einmal betont, dass die Auflistung von Gebieten keinen Anspruch auf Vollständigkeit erhebt. Die Angabe einzelner Infektionsraten soll dabei u.a. die regionalen Unterschiede verdeutlichen.

In **Portugal** muss überall mit einer Leishmaniose beim Hund gerechnet werden, eine besondere Gefahr ist aber vor allem von drei Regionen bekannt: Im Norden in der Alto-Douro Region wurden Infektionsraten zwischen 9,4 bis 37,8% gemeldet, im Innenstadtbereich von Lissabon 3,8 bis 10,9% und im Süden an der Algarve 9,5%.

In **Spanien** reicht die Anzahl infizierter Hunde bis zu 42% in Andalusien. Viele spanische Regionen gelten als Leihmaniose-Gebiete. Nicht nur der Süden und die Provinzen der Mittelmeerküste mit Gebieten um Alicante, Murcia (3,7%), Malaga oder Granada (5,3%) sind betroffen. Im Norden reichen die Angaben von Galicien mit 1,6% Infektionsrate bis 18% in Katalonien. Fälle von Hunde-Leishmaniose sind auch aus Cordoba, Madrid oder Salamanca bekannt. Auf den Balearen wurden für Mallorca bis zu 26% infizierter Hunde angegeben.

Günstiger scheint da die Situation noch auf den Kanarischen Inseln zu sein: Laut eines Berichtes von 1999 besaßen nur 2 von über 700 untersuchten Hunden auf Teneriffa Antikörper gegen Leishmanien. Dafür lagen die Infektionsraten aber bei anderen Krankheiten, wie z.B. den Herzwürmern, recht hoch.

In **Italien** reichen die Angaben infizierter Hunde von 5-10% bis zu 80% auf Sizilien. Auch auf Elba und Sardinien sollen hohe Infektionsraten vorliegen. Weite Landesteile scheinen betroffen zu sein, sei es nun die Westküste von Kalabrien über das Gebiet zwischen Neapel und Pisa bis hin zu Ligurien. Ebenso gibt es Berichte aus Apulien (14,4%), Florenz, Bologna, der Lombardei und Venetien.

Für **Südfrankreich** werden Infektionsraten bis zu 20% angegeben. Dabei sind nicht nur Korsika und die unmittelbare Mittelmeerküste betroffen. Das Hauptverbreitungsgebiet der Hunde-Leishmaniose besitzt die Form eines Dreiecks. Als Basis dient die Mittelmeerküste, die Spitze bilden die Departements Ardèche und Drôme. In der Gegend von Marseille wurden 1976 240 Fälle einer Hunde-Leishmaniose gemeldet, 1986 waren es 2278.

Im Norden **Griechenlands** werden die Infektionsraten bis zu 3%, im Süden mit etwa 25% angegeben. Infektionsgefahr scheint sowohl in Zentralgriechenland, der Peloponnes als auch auf Kreta und den vielen kleineren ägäischen Inseln zu bestehen.

Auch in der **Türkei** muss stellenweise mit hohen Infektionsraten gerechnet werden. Infizierte Hunde finden sich in der Westtürkei u.a. an der Schwarzmeerküste (z.B. Karabuk), aber auch in Richtung der Ägäis (z.B. Mansir/Alasehir).

Weitere Informationen zur Verbreitung der Leishmaniose des Hundes und der Sandmücken findet man auf der Homepage von Dr. T.J. Naucke, www.leishmaniose.de, von der auch die meisten der aufgeführten epidemiologischen Daten stammen.

Dass sich die Leishmaniose nicht weiter nach Norden ausdehnen könne, weil die Überträgermücken dort fehlen würden, muss angesichts seit der letzten Sandmückenfunde (s. Seite 72) bezweifelt werden. Eine häufig gestellte Frage ist die nach der Infektionsgefahr für den Menschen, sollte sich der eigene Hund im Urlaub infizieren. Der Hauptübertragungsweg einer Leishmaniose ist der über die Sandmücke. Ein Tropenmediziner antwortete einmal auf diese Frage, dass bei einer solchen Situation wohl die größte Infektionsgefahr während des gemeinsamen Urlaubs bestand, in dem Hund und Mensch der gleichen (infizierten) Sandmückenpopulation ausgesetzt waren. Da aber eine direkte Übertragung aus einer offenen Wunde des Hundes in eine Hautverletzung des Menschen nicht ganz auszuschließen ist, wird verschiedentlich zumindest Kindern und immungeschwächten Erwachsenen ein vorsichtiger Umgang bei solchen Wunden angeraten.

Erste Hilfe

Nicht nur im Urlaub ist es hilfreich, wenn man sich bei Verletzungen oder Erkrankungen des Hundes zu helfen weiß. Ein wenig Erste-Hilfe-Grundwissen kann auch gegen die Panik helfen, die verständlicherweise aufkommt, wenn dem vierbeinigen Liebling einmal etwas zustößt. Oft reichen schon einfache Handgriffe - schließlich soll die Erste Hilfe ja nicht den Tierarzt ersetzen. Im Rahmen eines solchen Reiseratgebers lässt sich leider nicht ausführlich auf die verschiedenen Bereiche der Ersten Hilfe beim Hund eingehen. Wer sich näher mit diesem Thema beschäftigen möchte, dem sei mein Buch »Grundkurs Erste Hilfe für den Hund« (s. Seite 115) empfohlen. Dort wird ausführlich erklärt, was man als Hundehalter bei Erkrankungen oder Verletzungen alles schon tun kann. Praktische Anleitung kann man darüber hinaus in Erste-Hilfe-Kursen für Hundehalter bekommen. Einige Tierärzte bieten solche Kurse an.

Wundversorgung

Selbstverständlich möchte man gerade im Urlaub nicht wegen jeder »Schramme« gleich zum Tierarzt fahren. Viele kleine Wunden bedürfen auch keiner aufwendigen Behandlung. Oft reicht schon ein wenig antiseptische Salbe und ein Schutzverband aus. Solch ein Verband ist deshalb notwendig, weil Hunde nicht allzu vorsichtig mit Wunden umgehen. Entgegen weitverbreiteter Meinung ist auch das ständige Lecken an Wunden keinesfalls hilfreich! Die Keime aus der Maulhöhle und die raue Hundezunge haben schon so manche unkomplizierte Verletzung zu einem Problemfall gemacht. Lassen Sie sich vom Tierarzt bzw. in einem Erste-Hilfe-Kurs die verschiedenen Materialien und Techniken erklären. Es erfordert ein wenig Übung, einen guten Hundeverband anzulegen. Er muss sicher sitzen, darf aber keinesfalls zu Stauung oder Einschnürung führen. Deshalb sollte jeder Verband, von einer behelfsmäßigen Wundabdeckung auf dem Heimweg einmal abgesehen, gut gepolstert sein. Ein Verband zur Wundabdeckung ist grundsätzlich aus folgenden Schichten aufgebaut:

- Sterile Wundauflage
- Polsterwatte
- Fixierbinde
- Einzelne Heftpflasterstreifen zur Fixierung am angrenzenden Haarkleid bzw. auch als Abdeckung gegen Schmutz und Nässe

Speziell auf den Hund abgestimmte Materialien, wie man sie in guten Erste-Hilfe-Koffern für den Hund findet, erleichtern das Anlegen eines Verbandes enorm. So kleben Kohäsiv-Fixierbinden nur auf sich selbst, nicht aber an Haarkleid und Haut. Dies ist gerade für Ungeübte recht praktisch, da die Bindengänge nicht so leicht verrutschen.

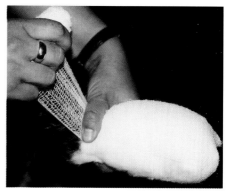

Oben links: Zwischenzehenpolsterung

Oben rechts: Festlegen des Bindeanfangs an Vorder- und Hinterseite der Pfote

Links: Wickelung der Binde von unten nach oben

Verbände an den Gliedmaßen sollten auch die Pfote einbeziehen, damit sie nicht verrutschen und zur Einschnürung führen. An der Pfote müssen die Zwischenzehenräume immer gut mit Watte gepolstert werden (Wolfskralle nicht vergessen!), sonst kann es schnell zu Scheuerstellen kommen. Um die Gefahr von Stauungen zu verringern, beginnt man mit der Binde immer am körperfernen Teil und wickelt dann in Richtung des Rumpfes. Die einzelnen Bindengänge überlappen sich dabei zu 1/3 bis 2/3. Den Bindenanfang fixiert man am einfachsten mit der Hand durch ein oder zwei Längslagen auf Vorder- und

Rückseite der Pfote/Gliedmaße. Dann kann man mit normalen zirkulären Bindengängen von unten nach oben beginnen (siehe Fotos).

Größere Wunden sollten Sie umgehend vom Tierarzt untersuchen lassen. Je früher sie fachgerecht versorgt werden, desto besser stehen die Heilungsaussichten. Je älter eine Wunde, desto mehr Gewebeschäden sind zu befürchten, umso tiefer können Keime schon ins Gewebe eingedrungen sein. Vermeiden Sie jede unnötige Manipulation an der Wunde. Das Berühren der Wundfläche erhöht die Infektionsgefahr, reizende Desinfektionsmittel schädigen das Gewebe.

Allerdings kann eine kurze tierärztliche Überprüfung auch bei kleineren, harmlos wirkenden Wunden sinnvoll sein. So können selbst kleine Lidrandverletzungen unbehandelt durch ungünstige Narbenbildung einen unvollständigen Lidschluss zurücklassen, der dauernde Augenreizungen verursacht. Stich- oder Bissverletzungen können sehr tief gehen und dabei im Bereich der Gelenke oder der Körperhöhlen ernste Schäden hervorrufen. Bissspuren nach einer Hundestreiterei sollten Sie ohnehin immer vom Tierarzt überprüfen lassen. Hunde verursachen durch ihr typisches Beuteschütteln mit den Eckzähnen tiefe Hohlräume in der lockeren Unterhaut des Gegners. Dies bietet Krankheitserregern ideale Vermehrungsbedingungen.

Akute Lebensgefahr

In einigen wenigen Situationen muss der Hundehalter sofort innerhalb von Minuten Hilfe leisten, kann nicht auf den Tierarzt warten. Solche akute Lebensgefahr besteht bei
- Atemstillstand
- Herzstillstand
- sehr starken Blutungen.

In diesen Fällen kommt es zu einem Sauerstoffmangel im Gehirn. Schnell tritt eine Bewusstlosigkeit ein und schon nach 3 bis 5 Minuten ohne Sauerstoff muss mit bleibenden Hirnschäden gerechnet werden. Deshalb steht die Überprüfung von Atem- und Herzkreislauffunktion immer an erster Stelle bei Notfällen (siehe auch Seite 44 ff.). Atmung und Kreislauf sind eng miteinander verbunden. Während die Atmung schon kurz nach einem Herzstillstand aussetzt, vermag das Herz nach einem Atemstillstand meist noch einige Minuten zu schlagen. Ein Atem- und/oder Herzstillstand erfordert sofortige **Wiederbelebungsmaßnahmen**. Da diese Techniken, insbesondere die Herzdruckmassage, falsch angewandt aber auch einigen Schaden anrichten können, sollte man sie sich unbedingt vom Tierarzt oder im Rahmen eines Erste-Hilfe-Kurses erklären lassen!

Finden Sie Ihren Hund wie leblos vor, so überprüfen Sie zuerst, ob es sich tatsächlich um eine für einen Herz-/Atemstillstand sprechende tiefe Bewusstlosigkeit handelt: Keine Reaktion auf Ansprechen, Anfassen, kräftigen Lefzenkniff? Zur Überprüfung der Atmung legen Sie eine Hand auf den Brustkorb, die andere auf den Bauch des Hundes. So spüren Sie selbst flache Atembewegungen.

Herzdruckmassage

Zur Überprüfung der Herzfunktion müssen mehrere Kriterien herangezogen werden (Herzdruckmassage nur bei nachgewiesenem Herzstillstand! Keine Übung am lebenden Tier!). Bei sehr starkem Blutdruckabfall kann trotz vorhandenem, wenn auch schwachem Herzschlag die Pulswelle eventuell nicht mehr hinten an der Oberschenkelarterie tastbar sein (siehe auch Seite 44). Weitere Anhaltspunkte liefern ein nicht fühlbarer Herzschlag an der linken Brustwand direkt hinter dem Ellenbogen und weite, lichtstarre Pupillen. Die Reaktion der Pupillen auf Lichtreize fällt nämlich sehr schnell nach einem Sauerstoffmangel aus.

Bei bewusstlosen Tieren können Schutzmechanismen wie der Husten- und Schluckreflex herabgesetzt sein und deshalb leicht Fremdkörper, Schleim oder Erbrochenes in die Atemwege gelangen. Zur Kontrolle der oberen Atemwege öffnet man das Maul, zieht die Zunge ein wenig hervor und inspiziert Maul- und Rachenhöhle. Um die Atemwege freizuhalten, wird bei bewusstlosen Tieren der Kopf in Seitenlage ein wenig überstreckt, in Richtung Untergrund gedreht. Die Zunge wird zur Seite herausgezogen, so dass Schleim oder Erbrochenes herausfließen können und nicht in die Atemwege gelangen (Stabile Seitenlage).

Die Streckung des Kopfes wird auch bei einer Beatmung eingesetzt, um den Rachenraum frei zu halten. Nach der beschriebenen Kontrolle der oberen Atemwege werden kleine Hunde von Mund zu Nase und Maul, größere von Mund zu Nase beatmet.

Aus hygienischen Gründen kann man ein dünnes Vliestuch benutzen. Es mindert natürlich etwas den Luftstrom. Die Beatmungstiefe ist der Größe des Hundes anzupassen und anhand der Brustkorbbewegungen abzuschätzen. Nach jedem Atemstoß ist eine kleine Pause für die Ausatmung zu lassen. So kommt man auf etwa 20 bis 30 Beatmungen pro Minute. In regelmäßigen Abständen ist zu überprüfen, ob die Atmung nicht schon wieder selbstständig einsetzt bzw. ob auch der Herzschlag ausgefallen ist. Bei gleichzeitigem Atem- und Herzstillstand ist eine kombinierte Beatmung und Herzdruckmassage notwendig. Bei der Einhelfermethode folgen auf 10 bis 15 schnelle Kompressionen zwei Beatmungen. Bei zwei Helfern kann man, da man ja nicht ständig die Position wechseln muss, einen 5:1-Rhythmus benutzen. Bei Kleinsthunden und Welpen kann die Herzdruckmassage in der hohlen Hand durchgeführt werden. Bei größeren Hunden nimmt man eine der Zweihandtechnik beim Menschen ähnliche Methode (siehe Foto). Die übereinander gelegten Handballen gewähren eine gleichmäßige Druckverteilung, durchgestreckte Ellenbogen eine genaue Druckdosierung. Der Hund liegt dabei auf der rechten Seite. Der Hauptdruckpunkt befindet sich bei kleinen, schmalbrüstigen Tieren direkt über dem Herzen hinter dem Ellenbogen, bei größeren Hunden am Punkt des größten Brustkorbdurchmessers. Herzdruckmassagen werden als Serie schneller Kompressionen ausgeführt. Auch hier ist in regelmäßigen Abständen in einer Pause zu überprüfen, ob Herzschlag und Atmung wieder selbstständig einsetzen.

Blutstillung

Kleine Blutungen lassen sich in der Regel schon durch einen einfachen Verband mit steriler Wundabdeckung kontrollieren. Stärkere Blutungen bedürfen weiterer Maßnahmen, z.B. dem Ruhig- bzw. Hochhalten der Gliedmaße und eines größeren Drucks. An vielen Körperstellen kann dies nur durch das Aufpressen steriler Kompressen oder eines Verbandpäckchens geschehen. Dabei ist an druckempfindlichen Organen wie dem Auge oder dem Kehlkopf besondere Vorsicht angezeigt. An Gliedmaßen oder der Rute kann darüber hinaus ein Druckverband angelegt werden. Eine sterile Wundauflage wird mit ein bis zwei Bindengängen fixiert (z.B. mit einem Verbandpäckchen) und ein der Verletzungsstelle in der Größe angepasstes Druckpolster (Mullbinden- oder Verbandpäckchenrolle) in den Verband eingebunden. Dabei sollte der an der Verletzungsstelle entstehende Druck so stark sein, dass die Blutung unterbunden, nicht aber die Versorgung der gesamten Gliedmaße beeinträchtigt wird. Schwillt die Gliedmaße unterhalb des Verbandes an, muss der Druckverband erneuert werden. Blutet dagegen ein richtig sitzender Druckverband durch, so sollte er durch einen zweiten verstärkt werden. Das Abnehmen des Druckverbandes würde nämlich die ersten mühsam gebildeten Gerinnungsprodukte wieder zerstören und die Blutung verstärken. Das Abbinden einer Gliedmaße kommt nur in Betracht, wenn eine sehr starke Blutung - z.B. bei Abrissen von Körperteilen - durch andere Maßnahmen nicht mehr zu stillen ist. Eine Abbindung unterbricht die gesamte Blutversorgung der Gliedmaße. Sauerstoffmangel und Anhäufung von giftigen Stoffwechselprodukten sind die Folge. Diese können dann bei Lösen der Abbindung den gesamten Organismus überschwemmen und lebensbedrohliche Reaktionen hervorrufen. Darüber hinaus besteht die Gefahr, direkt unter der Abbindung liegende Gewebe zu schädigen. Deshalb dürfen keinesfalls schmale, einschnürende Utensilien zur Abbindung verwendet werden. Druckverband und erst recht Abbindung sollten nicht länger als unbedingt nötig angelegt bleiben. Ein Tierarzt ist unverzüglich aufzusuchen.

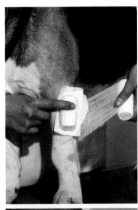

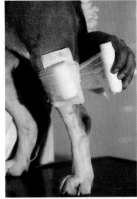

Anlegen eines Druckverbandes

WIEDER DAHEIM

Reisestress und Klimaveränderung sind nach der Heimreise oft schnell überwunden, kehrt der Hund doch in die gewohnte Umgebung zurück. Dort muss sich der Körper auch nicht noch mit fremden Keimen auseinandersetzen. Krankheitssymptome nach einer Reise sollten Sie nicht auf die leichte Schulter nehmen. Wenn Sie sich in Gebieten mit besonderen Infektionsgefahren aufgehalten haben, sind selbst geringe Anzeichen wie eine länger anhaltende Abgeschlagenheit, verminderter Appetit oder vermehrter Durst Grund genug, den Tierarzt aufzusuchen. Auch gefährliche »Reisekrankheiten« können sich erst einmal mit solch unspezifischen Krankheitszeichen bemerkbar machen. Bei manchen kann es sogar Monate bis Jahre dauern, bis sie offen zu Tage treten. Eine tierärztliche Untersuchung kann deshalb auch ohne offensichtliche Krankheitsanzeichen sinnvoll sein, beispielsweise, wenn sich erst am Urlaubsort eine besondere Infektionsgefahr herausgestellt hat, auf die man nicht durch Vorsorgemaßnahmen vorbereitet war. Je früher solch eine Infektion diagnostiziert wird, desto besser stehen auch die Chancen einer Behandlung.

Tierärztliche Labore bieten spezielle Untersuchungsprogramme an, mit denen eine Blutprobe des Hundes auf die wichtigsten »Reisekrankheiten« getestet wird. Über reine Screening-Tests hinaus sind weitergehende Untersuchungen möglich und im Einzelfall auch nötig, um dem einen oder anderen Krankheitserreger auf die Spur zu kommen.

INTERNATIONALER IMPFAUSWEIS

Internationaler Impfausweis
Der Tierarzt dokumentiert jede Impfung in einem Impfpass. In dem üblichen internationalen Impfausweis, den Sie in Deutschland erhalten, findet man über die Impfbescheinigung gegen Tollwut und andere Krankheiten hinaus weitere Rubriken: Tierhalter- und Hundedaten inkl. Kennzeichnungsnummer sowie Formulare für Gesundheitszeugnisse und die amtliche Bestätigung der Identität des Hundes. Diese Bescheinigungen sind in englischer, französischer und deutscher Sprache verfasst, die Tollwutimpfung auch in spanisch. Der Tierarzt bestätigt die Impfungen mit Angabe des verwendeten Impfstoffes und der Chargennummer. Dabei werden häufig Abkürzungen gebraucht: T für Tollwut, S für Staupe, H für Hepatitis und L für Leptospirose.

Üblicherweise beginnt man im Welpenalter den Aufbau des Impfschutzes mit einer zweiteiligen Grundimmunisierung und frischt diese dann in regelmäßigen Abständen auf. Beginn und Häufigkeit der Impfungen werden individuell vom Tierarzt je nach Zustand des Hundes, verwendetem Impfstoff und der Infektionsgefahr festgelegt. Darüber hinaus sind bei anstehenden Urlaubsreisen die entsprechenden Einreisebestimmungen zu berücksichtigen. Dabei sollten die vorgeschriebenen Fristen nicht zu knapp eingeplant werden. Bei einer Verlängerung des Urlaubs müssen die Impfungen auch noch auf der Rückreise, der Wiedereinreise nach Deutschland Gültigkeit haben!

(S) Staupe, Distemper, Maladie carré

Die Staupe wird durch ein dem Masernvirus des Menschen verwandtes Virus hervorgerufen. Vor allem Jungtiere können schwer erkranken. Diese Krankheit äußert sich vorwiegend in Störungen des Atemapparates und/oder des Magendarmtraktes. Fieber, seröser bis eitriger Nasen- und Augenausfluss, Husten und Brechdurchfälle sind häufig beschriebene Symptome. Daneben kann aber auch das zentrale Nervensystem betroffen sein, mit den unterschiedlichsten neurologischen Störungen. Einige besondere Krankheitszeichen der Staupe sind: »Staupegebiss« - Schmelzdefekte an den Zäh-

nen nach überstandener Staupe bei Jungtieren, die sich gerade im Zahnwechsel befanden; »Staupe tick« - Rhythmische Muskelzuckungen bei der nervösen Form der Staupe; »Old Dog Encephalitis« - Hirnstörungen als Spätfolge einer Staupe; »Hartballenkrankheit« - Verhärtung und Sprödewerden des Horns an Nase und Ballen, oft in Verbindung mit der nervösen Form der Staupe.

Die Staupe ist weltweit verbreitet, in Europa kommt sie recht häufig in den südosteuropäischen Ländern vor. Aber auch in anderen Ländern kann es immer wieder zu Staupeepidemien kommen.

(H) Hepatitis contagiosa canis - H.c.c., Hepatitis, Hepatité contagieuse

Die ansteckende Leberentzündung des Hundes (H.c.c.) wird durch das canine Adenovirus Typ 1 verursacht. Dieses Virus führt nicht nur zu einer Schädigung der Leber, sondern kann auch andere Organe in Mitleidenschaft ziehen. Fieber, Erbrechen, Durchfall, Augenentzündungen, Blutungen an Haut und Schleimhäuten, Gelbsucht und Atemprobleme sind nur einige der beschriebenen Symptome. Im Einzelfall kann es zu Todesfällen innerhalb von 24 Stunden kommen. Das so genannte »Blue Eye« bei der H.c.c., ein bläuliches Schimmern der Augen, wird durch eine Augenentzündung mit Hornhautödem hervorgerufen.

In Impfstoffen kann statt des Adenovirus Typ 1 auch das engverwandte canine Adenovirus Typ 2 enthalten sein.

(L) Leptospirose, Leptospirosis, Leptospirose

Verursacher dieser Erkrankung ist ein schraubenförmiges Bakterium, Leptospira interrogans. Es lässt sich in mehrere so genannte Serotypen unterteilen, von denen L.i. icterohaemorrhagiae und L.i.canicola als Auslöser der Weil'schen Krankheit bzw. der Stuttgarter Hundeseuche bekannt geworden sind.

Beim Hund können ganz verschiedene Symptome und Verläufe auftreten. Dabei spielt vor allem die Besiedlung der Nieren eine Rolle. Aber auch andere Organe können betroffen sein. Erbrechen, Durchfall, schmerzhafter Bauch, Blutungen in den Schleimhäuten, Fieber, Gelbsucht und Nierenstörungen bis hin zum Nierenversagen sind beschrieben. Hauptinfektionsquelle scheint Wasser und Futter zu sein, das mit infiziertem Urin von Nagetieren, landwirtschaftlichen Nutztieren oder auch Hunden verunreinigt ist. Die Leptospiren können durch kleinste Verletzungen der Schleimhäute und Haut in den Körper eindringen. In den üblichen Impfstoffen sind die beiden Serotypen L.i. icterohaemorrhagiae und L.i.canicola enthalten.

(P) Parvovirose, Parvovirosis, Parvovirose

Erst Ende der 70er Jahre des vorigen Jahrhunderts trat die Parvovirose des Hundes in Erscheinung. Das Virus der Hunde ist eng mit dem der Katzen verwandt, soll von diesem abstammen (»Katzenseuche«). Im Vordergrund dieser Erkrankung stehen fieberhafte

Brechdurchfälle. Die Durchfälle sind von fauligsüßem Geruch und können so heftig sein, dass sie rasch zu einem Austrocknen des Hundes führen. Vor allem bei Jungtieren treten Todesfälle innerhalb von Tagen auf. Bei Welpen, die nur unzureichend über die Milch der Mutter mit Antikörpern versorgt wurden, kann das Parvovirus zudem Entzündungen des Herzmuskels hervorrufen. Das Virus ist an der Außenwelt sehr stabil, bleibt monatelang infektiös, so dass ein Verschleppen der Keime über Gegenstände und Kleidung leicht möglich ist.

(T) Tollwut, Rabies, Rage

Die Tollwut wird durch ein Virus verursacht, das zu den Lyssaviren (Lyssa = griech. Wahnsinn) gehört. Wegen der Gefahr für den Menschen wird dem Tollwutschutz überall große Bedeutung beigemessen. Alle europäischen Länder erlauben Hunden nur mit einer gültigen Tollwutimpfung die Einreise. Tollwutfreie Länder wie Großbritan-

Tollwutfälle (•) in Europa 2. Quartal 2001
Rabies bulletin europe, WHO collaborating centre for rabies
surveillance & research, Tübingen.

nien, Irland, Norwegen und Schweden versuchen mit Quarantänen bzw. strengen Auflagen ihren Status zu erhalten. Eine Tollwutimpfung ist für alle Hunde zu empfehlen, nicht nur wenn man ins Ausland reisen möchten. Nach der deutschen Tollwutverordnung kann bei ungeimpften Hunden die sofortige Tötung angeordnet werden, wenn sie Kontakt zu einem tollwutkranken bzw. -verdächtigen Tier hatten! In Europa ist der Rotfuchs Hauptüberträger der Tollwut. Er verursacht Infektionen von Wild- und Weidetieren, aber auch von Hunden und Katzen. Der Hauptinfektionsweg führt über den Speichel bei Bissverletzungen. In Deutschland konnte die Tollwut durch ausgelegte Impfköder zurückgedrängt werden. Die Impfköder schaden zwar nicht den Hunden, sollten aber den Füchsen vorbehalten bleiben. Halten Sie sich deshalb bitte an entsprechende Hinweise, in solchen Gebieten Hunde an der Leine zu halten. Die WHO erstellt regelmäßig Tollwutbulletins, in denen die Tollwutfälle in Europa aufgeführt sind. In den ersten Quartalen 2001 wurden vor allen Dingen aus dem osteuropäischen Raum, Polen, dem Baltikum und dem Süden der Russischen Föderation Tollwutfälle gemeldet. Während im Gesamteuropa der Rotfuchs dominiert, waren in der Türkei vorwiegend Hunde betroffen. Die klassische Tollwut verläuft in drei Phasen. Im Anfangsstadium dominieren Wesensveränderungen, die nicht nur eine gesteigerte Aggressivität beinhalten können. Auch eine auffallende Zutraulichkeit ansonsten scheuer Tiere kann

eintreten. In der Erregungsphase wird u.a. Desorientiertheit, Erregbarkeit, Inkoordination, Schluckstörungen, Lähmungen des Stimmapparates mit hohem Bellen beobachtet. Das dritte Stadium führt über generalisierte Lähmungen und Krämpfe zum Tode. Vorsicht, es gibt vielfältige Abweichungen von diesem klassischen Verlauf! Die vorgeschriebenen Impfintervalle sollten genau eingehalten werden, Überschreitungen werden nicht toleriert.

Zwingerhusten/infektiöse Tracheobronchitis, Kennel cough, Toux de chenil
Der Zwingerhusten (infektiöse Tracheobronchitis) wird in der Regel von mehreren Keimen in Kombination mit ungünstigen Umweltbedingungen hervorgerufen. Prädisponierend wirken Ansammlungen vieler Hunde, z.B. auf Ausstellungen, in Tierheimen oder -pensionen. Oft bereiten dabei Virusinfektionen den nachfolgenden Bakterien den Weg. Aus dem ursprünglich serösen Sekret wird dann schnell ein eitriger Schleim. Beteiligt an solchen Atemwegserkrankungen des Hundes sind u.a. das canine Parainfluenza-Virus 2, das canine Adenovirus 2, canine Reoviren, das Bakterium Bordetella bronchiseptica, daneben aber auch das Staupevirus, canine Herpesviren, Influenzaviren, Mykoplasmen und eine ganze Reihe von Bakterien. Den Reoviren wird in diesem Zusammenhang eine abwehrschwächende Wirkung zugesprochen. Neben der Schaffung möglichst optimaler Umweltverhältnisse werden auch Impfun-

gen eingesetzt, die einen Teil der möglichen Erreger beinhalten. In den üblichen Impfstoffen sind vor allem die Parainfluenza- und die Adenoviren enthalten. Es gibt aber auch welche mit Bordetella bronchiseptica. Von Impfstoffen in »Nasenspray-Form« verspricht man sich einen raschen Schutz direkt an der Eintrittsstelle der Keime.

Über diese »Standardimpfungen« hinausgehende Impfungen, z.b. die gegen **Borreliose** siehe Seite 74 ff.

Gesundheitspass

Der Gesundheitspass ist praktisch eine Erweiterung des internationalen Impfausweises. Er enthält zusätzliche Rubriken, um Daten zur Krankengeschichte des Hundes einzutragen, wie z.b. Operationen, besondere Erkrankungen, Dauermedikationen, Unverträglichkeiten und die Ergebnisse jährlicher Gesundheits-Checks. Dies ist besonders hilfreich, wenn der Hund z.b. im Urlaub von einem fremden Tierarzt behandelt werden muss.

Einreisebestimmungen:

Andorra:
Laut Auskunft des Fremdenverkehrsbüros wie Frankreich.

Belgien:
Internationaler Impfausweis mit Nachweis der Tollwutimpfung (> 30 Tage, < 12 Monate), tierärztl. Gesundheitszeugnis (< 2 Tage).

Bosnien- Herzegowina:
Keine Angaben

Dänemark:
Internationaler Impfausweis mit Nachweis der Tollwutimpfung (> 30 Tage bei Erstimpfungen, < 12 Monate). Jungtiere unter 3 Monaten benötigen noch keine Tollwutimpfung, aber ein tierärztl. Gesundheitszeugnis. Einreiseverbot für Pit Bullterrier, Tosa Inu bzw. deren Kreuzungen.

Deutschland:
Internationaler Impfausweis mit Nachweis der Tollwutimpfung (> 30 Tage bei Erstimpfungen, < 12 Monate). In Deutschland trat im April 2001 das Gesetz zum Schutz vor gefährlichen Hunden in Kraft. In Artikel 1 wird die Einfuhr und das Verbringen von Pit Bullterriern, Staffordshire Bullterriern, American Staffordshire Terriern und Bullterriern nach Deutschland untersagt. Im Zuge von angekündigten Rechtsverordnungen sollen aber Ausnahmen zugelassen werden. Dies betrifft Dienst- und Behindertenbegleithunde, die Wiedereinreise von deutschen Hunden (soweit sie die Auflagen erfüllen) und den Aufenthalt von ausländischen Hunden bis zu 4 Wochen. Man muss abwarten, wie diese als Übergangslösung bereits angewandten Regelungen letztendlich aussehen werden.

Finnland:
Internationaler Impfausweis mit Tollwutimpfung (> 30 Tage, < 12 Monate) für Tiere über 3 Monaten. Ab dem

01.08.2001 tierärztl. Bescheinigung über die Behandlung gegen den Fuchsbandwurm Echinococcus multilocularis (frühestens 72 Stunden und spätestens 24 Stunden vor der Einreise).

Frankreich:
Internationaler Impfausweis mit Nachweis der Tollwutimpfung (> 30 Tage, < 12 Monate), Tiere müssen durch Tätowierung oder Mikrochip sicher identifizierbar sein. Die Einreise ist auf 3 Tiere (älter als 3 Monate) beschränkt, die Einreise jüngerer Tiere nur mit Sondergenehmigung (Ministère de l`Agriculture) möglich.

Von der Ein- und Durchreise ausgeschlossen sind so genannte Kampfhunde, die nach französischem Gesetz folgendermaßen definiert sind:

Pitbulls, d.h. Hunde, die in ihren morphologischen Merkmalen den Rassen Staffordshire Terrier * oder American Staffordshire Terrier vergleichbar sind und in keinem vom Ministerium für Landwirtschaft und Fischerei zugelassenen Stammbuch eingetragen sind.

Boerbulls, d. h. Hunde, die in ihren morphologischen Merkmalen der Rasse Mastiff vergleichbar sind und in keinem vom Ministerium für Landwirtschaft und Fischerei zugelassenen Stammbuch eingetragen sind.

Hunde, die in ihren morphologischen Merkmalen der Rasse Tosa vergleichbar sind und in keinem vom Ministerium für Landwirtschaft und Fischerei zugelassenen Stammbuch eingetragen sind.

Mit der Auflage einer generellen Leinen- und Maulkorbpflicht in der Öffentlichkeit können jedoch so genannte Wach- und Schutzhunde einreisen, darunter fallen:

Rassehunde Staffordshire Terrier *, Rassehunde American Staffordshire Terrier, Rassehunde Rottweiler, Rassehunde Tosa und Hunde, die in ihren morphologischen Merkmalen der Rasse Rottweiler vergleichbar sind und in keinem vom Ministerium für Landwirtschaft und Fischerei zugelassenen Stammbuch eingetragen sind.

Griechenland:
Internationaler Impfausweis mit Nachweis der Tollwutimpfung (> 15 Tage, < 12 Monate), amtstierärztl. Gesundheitszeugnis (< 10 Tage).

Großbritannien/ Nordirland:
Seit Februar 2000 Einreise ohne sechsmonatige Quarantäne, aber nur unter strengen Auflagen möglich. Näheres siehe hinten auf Seite 101.

Republik Irland:
Für die direkte Einreise gilt weiterhin eine sechsmonatige Quarantäne (Einfuhrgenehmigung), bei Erfüllung der Auflagen des pet travel scheme ist aber die Einreise über Großbritannien bzw. Nordirland möglich.

Italien:
Internationaler Impfausweis mit Tollwutimpfung (> 20 Tage, < 11 Monate), amtstierärztl. Gesundheitszeugnis (< 30 Tage), Leine und Maulkorb sind mitzuführen.

Das französische Innenministerium hat in einem Nachtrag vom Januar 2002 spezifiziert, dass der Staffordshire Bullterrier nicht von diesem Gesetz betroffen ist.

Jugoslawien:
Internationaler Impfausweis mit Nachweis der Tollwutimpfung (> 15 Tage, < 6 Monate), tierärztl. Gesundheitszeugnis.

Kroatien:
Internationaler Impfausweis mit Nachweis der Tollwutimpfung (> 15 Tage, < 6 Monate) bei Hunden über 3 Monaten.

Liechtenstein:
Nach Auskunft der Liechtenstein Tourismus Information gelten die Bestimmungen der Schweiz.

Luxemburg:
Internationaler Impfausweis mit Nachweis der Tollwutimpfung (> 30 Tage bei Erstimpfungen, < 12 Monate).

Monaco:
Laut Angabe des Monaco-Informations-Zentrums die gleichen wie für Frankreich.

Niederlande:
Internationaler Impfausweis mit Nachweis der Tollwutimpfung (> 30 Tage, < 12 Monate gültig, wenn das Tier nach Vollendung des 3. Lebensmonat geimpft wurde, ansonsten Gültigkeit < 3 Monate), die Einfuhr von Pit Bullterriern ist verboten.

Es wird darauf hingewiesen, dass bei ähnlich aussehenden Rassen der Reisende durch den Abstammungsnachweis belegen muss, dass es sich nicht um einen Pit Bullterrier handelt.

Norwegen:
Da die Auflagen denen Schwedens ähneln, werden sie am Ende auf Seite 101 gemeinsam besprochen.

Österreich:
Internationaler Impfausweis mit Nachweis der Tollwutimpfung (> 30 Tage, < 12 Monate), Leine und Maulkorb sind mitzuführen.

Polen:
Internationaler Impfausweis mit Nachweis der Tollwutimpfung (> 21 Tage, < 12 Monate), amtstierärztl. Gesundheitszeugnis (< 3 Tage).

Portugal:
Internationaler Impfausweis mit Nachweis der Tollwutimpfung (> 30 Tage, < 12 Monate), amtstierärztl. Gesundheitszeugnis (unmittelbar vor der Abreise ausgestellt, < 30 Tage).

Schweden:
Da die Auflagen denen Norwegens ähneln, werden sie am Ende auf Seite 101 gemeinsam besprochen.

Schweiz:
Internationaler Impfausweis mit Nachweis der Tollwutimpfung (> 30 Tage bei Erstimpfung, < 12 Monate). Junghunde bis zu 5 Monaten können ohne Tollwutimpfung einreisen, wenn ein tierärztl. Gesundheitszeugnis vorgelegt wird. Die Einfuhr von bis zu 5 Monaten alten Hunden mit kupierten Ohren und/oder kupierten Ruten ist verboten (Ausnahmen bei vorübergehendem Aufenthalt aber möglich).

Slowakische Republik:
Impfungen gegen Tollwut, Parvovirose, Staupe und Hepatitis (> 30 Tage, < 12 Monate), tierärztl. Gesundheitszeugnis (< 3 Tage). Bei längeren Aufenthalten als einem Monat ist eine Einfuhrgenehmigung vom lokalen Veterinäramt notwendig.

Slowenien:
Internationaler Impfausweis mit Nachweis der Tollwutimpfung (> 15 Tage, < 12 Monate) bei Tieren über 4 Monaten, Staupeimpfung (15 Tage, < 1 Jahr), tierärztl. Gesundheitszeugnis (< 14 Tage).

Spanien:
Internationaler Impfausweis mit Nachweis der Tollwutimpfung (> 30 Tage, < 12 Monate) bei Tieren über 3 Monaten, tierärztl. Gesundheitszeugnis (< 10 Tage), Unterlagen sollten ins Spanische übersetzt sein.

Tschechische Republik:
Internationaler Impfausweis mit Nachweis der Tollwutimpfung (> 30 Tage, < 12 Monate). Bei Aufenthalten länger als 30 Tage ist beim Staatlichen Veterinäramt eine Einfuhrbewilligung zu beantragen:
Státní veterinárí správa
Ceské republiky,
Tésnov 17, CZ-11705 Praha1,
Tel. 00420/2/2181-2484
Fax 00420/2/2181-2974,
zahr@svs.aquasoft.cz

Türkei:
Internationaler Impfausweis mit Nachweis der Impfung gegen Tollwut sowie gegen Parvovirose, Staupe, Hepatitis, und Leptospirose (> 15 Tage) bei Tieren über 3 Monaten, tierärztl. Gesundheitszeugnis. Die Unterlagen sollten ins Türkische übersetzt sein.

Ungarn:
Internationaler Impfausweis mit Nachweis der Tollwutimpfung (> 30 Tage, < 12 Monate) und der Staupeimpfung, amtstierärztl. Gesundheitszeugnis (< 8 Tage).
Einreiseverbot für »Kampfhunde«, z.B. Bullterrier, American Staffordshire Terrier, Staffordshire Bullterrier, Bullmastiff, Tosa Inu, Dogo Argentino, Bordeaux Dogge, Fila Brasileiro, Bandog (Ausnahmen bei kastrierten Tieren?).

Zu den besonderen Bestimmungen von Schweden, Norwegen, Großbritannien/Nordirland:
Aus Angst vor einer Einschleppung der Tollwut war lange Zeit für die genannten Länder einschließlich der Republik Irland eine mehrmonatige Quarantäne für Hunde vorgeschrieben. Die skandinavischen Staaten haben diese schon vor Jahren, Großbritannien erst im Februar 2000 aufgehoben, verlangen aber eine Reihe von Gesundheitsbescheinigungen. Da kurzfristige Änderungen möglich sind, sollten Sie sich vor einer geplanten Reise in diese Länder auf jeden Fall beim Tierarzt oder der Botschaft (z.B. www.schweden.org, www.norwegen.org) über die aktuellen Bestimmungen erkundigen. Hier alle Einzelheiten aufzuführen,

würde den Rahmen des Buches sprengen. Listen der zugelassenen Labore, Impfstoffe, Formulare und Informationen zu weiteren Details können Sie bei den oben genannten Adressen oder auch direkt bei den folgenden bekommen:

Staatliche Norwegische Tiergesundheitsverwaltung:
Statens Dyrehelsetilsyn
Postboks 8147 Dep, N- 0033 Oslo
Tel. 0047 - 22 24 19 40,
Fax 0047- 22 24 19 45

Pet travel scheme
Department for environment, food and rural affairs
Area 201, 1a page street
London, SW1P 4PQ
www.defra.gov.uk/animalh/
quarantine/index.htm
mit der pets Helpline,
Mo.-Fr. 10.00 bis 18.00 MEZ
Tel. 0044-870-241 17 10,
Fax 0044-207-904 68 34
e-mail: pets@ahvg.defra.gsi.gov.uk

Schwedisches Landwirtschaftsamt
Statens Jordbruksverk
Smittskyddsenheten,
S-55182 Jönköping
Tel. 0046-36-15 50 00,
Fax 0046-36-15 08 18
Jordbruksverket@sjv.se, www.sjv.se

Für alle Fragen rund um die Einreise in diese Länder ist Ihr Tierarzt ein kompetenter Ansprechpartner, er kennt auch die Feinheiten einzelner Impfvorschriften. Damit Sie sich aber einen Eindruck davon machen können, was alles erforderlich ist und Sie den ersten Tierarztbesuch früh genug einplanen, wurden die wichtigsten Punkte nachfolgend aufgeführt:

Bei allen drei Ländern bedeutet vor allem die Ersteinreise einigen Aufwand, da hierfür eine Blutuntersuchung hinsichtlich des Tollwutschutzes gefordert wird. Bei weiteren Einreisen muss dann diesbezüglich nur noch die regelmäßige Wiederholungsimpfung bestätigt werden. Für die Blutuntersuchung sind bestimmte Wartezeiten vorgeschrieben, die eine langfristige Planung voraussetzen. Bei skandinavischen Ländern darf die Untersuchung frühestens 120 Tage bis spätestens 365 Tage nach einer anerkannten Tollwutimpfung durchgeführt werden. Die Wartezeit ist hier von dem jeweiligen Impfzustand des Tieres beim Tierarztbesuch abhängig. Großbritannien hingegen fordert eine Wartefrist nach der Blutuntersuchung, die in jedem Fall 6 Monate beträgt. Insgesamt sollte die Zeit nicht zu knapp kalkuliert werden: Unzureichende Blutergebnisse erfordern Neuimpfungen und weitere Fristen, großer Ansturm bei den wenigen bisher zugelassenen Laboren kann zu Engpässen führen.

Bei allen drei Ländern muss der Tierhalter schriftlich bestätigen, dass sich der Hund in den letzten 6 Monaten nur in den in einer Liste aufgeführten EU/EFTA-Ländern aufgehalten hat (umfasst vor allem die westeuropäischen Staaten). Darüber hinaus sind Behandlungen gegen Parasiten und andere Impfungen vom Tierarzt zu bescheinigen (s.u.). Die Hunde müssen für Skandinavien durch Tätowierung oder Mikrochip eindeutig gekennzeichnet sein, bei Großbritannien wird nur der Mikrochip akzeptiert (Tollwutimpfungen vor einer Chip-Kennzeichnung werden nicht anerkannt). Bei unstandardisierten Chips muss der Tierhalter notfalls für ein passendes Ablesegerät sorgen. Norwegen gibt für entsprechende Abstimmung die Adressen der Zollstellen an. Pit Bullterrier, Tosa Inu, Dogo Argentino und Fila Brasileiro sind von vornherein von einer Einreise in Norwegen und Großbritannien ausgeschlossen.

Norwegen:
Tierhalterbescheinigung, tierärztl. Impfbescheinigung über Tollwutschutz (Ersteinreise mit Blutuntersuchung, weitere Reisen durch Auffrischungsimpfung innerhalb von 365 Tagen), Leptospirose (< 365 Tage), Staupe (< 730 Tage), tierärztl. Gesundheitszeugnis inkl. Bescheinigung einer Behandlung gegen den Fuchsbandwurm (nur 10 Tage gültig, Wiederholung der Entwurmung innerhalb der ersten Woche nach Einreise vorgeschrieben/Tierarzt).

Schweden:
Kostenpflichtige Einfuhrgenehmigung (400 SEK, beim Landwirtschaftsministerium zu beantragen), Tierhalterbescheinigung, tierärztl. Impfbescheinigung über Tollwutschutz (Ersteinreise mit Blutuntersuchung, weitere Reisen durch Auffrischungsimpfung innerhalb von 365 + 45 Tagen), Leptospirose (< 365 + 45 Tage), Staupe (< 730 + 45 Tage), tierärztl. Gesundheitszeugnis inkl. Bescheinigung einer Behandlung gegen den Fuchsbandwurm (nur 10 Tage gültig, Wiederholung der Entwurmung innerhalb der ersten Woche nach Einreise vorgeschrieben/Tierhalter).

Großbritannien, pet travel scheme: Tierhalterbescheinigung, amtstierärztl. Impfbescheinigung über Tollwutschutz (Ersteinreise mit Blutuntersuchung, weitere Reisen durch Auffrischungsimpfung gemäß Impfstoffhersteller-Vorgabe), tierärztl. Zeugnis mit Bestätigung der durchgeführten Behandlung gegen Zecken und Bandwürmer (frühestens 72 spätestens 24 Stunden vor Einreise - somit eventuell im Transitland notwendig, wenn die Reise nicht direkt auf die britischen Inseln geht)

Für Großbritannien sind nur bestimmte Reiserouten und Verkehrsunternehmen zugelassen, so z.B. der Eurotunnel Le Shuttle Service-Autoreisezug, nicht aber den Eurostar (Stand Sept. 2001). Die Liste wird jedoch ständig überarbeitet.

Anmerkung:
Die Recherche der Einreisebestimmungen wurde zwar mit großer Sorgfalt betrieben. Da sich die Bestimmungen aber schnell ändern können, sollte man sich in jedem Fall vor Antritt einer Reise über die aktuelle Situation beim Tierarzt und/oder den Botschaften erkundigen.

KLEINER SPRACHFÜHRER FÜR HUNDEHALTER

| D | GB | F | E | I | NL |

Im Hotel, Restaurant:
Sind Hunde erlaubt?

Are dogs allowed?

Les chiens sont-ils admis?

Se admiten perros?

Sono permessi i cani?

Zijn honden toegestaan?

**Mein Hund ist brav (lieb)/gehorsam, er bellt nicht/
er beißt nicht/ist stubenrein.**

My dog is well-behaved/obedient, he does not bark/
does not bite/is house-trained.

Mon chien est gentil/obéissant, il n´aboie pas/il ne mord pas/
il est propre.

Mi perro esta muy bien educado, no ladra/no muerde/
y no hace pipi fuera de sus costumbres y lugares.

Il cane e bravo/obbediente, non abaia/non morde/e pulito.

Mijn hond is lief/gehoorzaam, hij blaft niet/hij bijt niet/is zindelijk.

Sind Hunde im Speiseraum erlaubt?

Are dogs allowed in the dining room?

Les chiens sont-ils admis au restaurant?

Se puede meter perros en el comedor?

Sono permessi i cani nella sala da pranzo?

Zijn honden in het restaurant toegestaan?

Achtung! Hund im Zimmer.

Attention! Dog inside (the room).

Attention! Le chien est dans la chambre.

Cuidado! Perro en la habitacion.

Attenzione! Cane nella stanza.

Pas op! Hond in de kamer.

Wenn der Hund entlaufen ist:

Achtung! Hund entlaufen.
Name: ... Größe: ... Bitte melden bei: ... Belohnung:
Attention! Dog lost. name ... height: ...
please contact: ... reward: ...
Attention! Chien perdu. Nom: ... Taille: ...
Merci de vous adresser à: ... Récompense: ...
Cuidado! Perro escapado: nombre: ... tailla: ...
por favor contacte: ... se benificará: ...
Attenzione! Cane sfuggito. Nome: ... Grandezza:
Per favore chiamare : ... Ricompensa: ...
Attentie! Hond weggelopen. Naam: ...
Grootte: ... A.u.b. melden bij: ... Beloning:

Auf dem Spaziergang:

Ist Ihr Hund ein Rüde oder eine Hündin?
Bitte nehmen Sie Ihren Hund an die Leine.
Is your dog a male or a bitch? Please keep your dog on a lead.
Votre chien est-il un mâle ou une femelle?
Merci de tenir votre chien en laisse.
Es perro o perra? Por favor tenga su perro en la correa.
Cose femina o maschio il suo cane?
Per favore le meta il guinzaglio.
Is uw hond een reu/mannetje of een teef/vrouwtje?
Wilt u uw hond a. u. b. aanlijnen.

Hunde verboten!
Dogs forbidden!
Chiens interdits!
No se admiten perros!
Vietato l`ingresso per cani!
Honden verboden/niet toegestaan!

Hunde (sind) an der Leine (zu) führen!
Dogs have to be kept on a lead!
Les chiens doivent être tenus en laisse!
Perros hay que llevar siempre con la correa!
Tenere i cani al guinzaglio!
Honden angelijnd!

An der Grenze:

Gesundheitszeugnis, Impfausweis, Tollwut-Impfung
Health certificate, vaccination certificate,
vaccination against rabies
Carnet de santé, carnet de vaccinations,
vaccination contre la rage
Certificado sanitario, certificado de vacinación,
vacinación contre la rabia
Certificato sanitario, certificato di vaccinazione,
vaccinazione di rabbia
Gezondheitsverklaring, vaccinatieverklaring,
rabies (hondsdolheid)-vaccinatie

Beim Tierarzt:

Wo ist der nächste Tierarzt?
Where is the nearest veterinary surgeon?
Où se trouve le vétérinaire le plus proche?
Donde esta el veterinario más cerca?
Dove il prossimo veterinario?
War vind ik de dichtsbijzijnde dierenarts?

Ich glaube, mein Hund ist krank ...
I think my dog is ill ...
Je crois que mon chien est malade ...
Yo creo que mi perro esta enfermo ...
Io penso, che il mio cane e malato ...
Ik heb de indruk dat mijn hond ziek is ...

... er frisst nicht, trinkt viel, ist sehr schlapp.
... he refuses food, drinks a lot, is very weak.
... il ne mange pas, boit beaucoup, est très fatigué.
... no come, bebe mucho, esta siempre cansado.
... non mangia, beve molto, e debole.
... hij/zij eet niet, drinkt veel, is lusteloos.

... er hat Fieber, hechelt viel, scheint ausgetrocknet,
Puls und Atmung sind erhöht.
... he has fever, pants a lot, seems to be dehydrated,
pulse and respiration are higher than normal.

... il a de la température, il halète, il semble être deshydraté,
pouls et respiration sont accélérés.
... tiene fiebre, jedea mucho, pareze deshidratado,
el pulso y la respiracion la tiene muy alterada.
... ha la febbre, affanna molto, e dissetato, polso e respiro sono alti.
... Hij heeft koorts, hijgt veel, lijkt uitgedroogd,
pols en ademhalung zijn sneller.

Mein Hund hat Durchfall, Verstopfung, erbricht sich.
My dog has diarrhoea, constipation, vomits.
Mon chien a la diarhée, il est constipé, il vomit.
Mi perro tiene diarrea, esta estrinido, ha vomitado.
Il mio cane ha diarrea, constipazioni, vomita.
Mijn hond heeft diarree, obstipatie (verstopping), braakt.

Mein Hund hat Husten.
My dog has a cough.
Mon chien tousse.
Mi perro tiene tos.
Il mio cane ha la tosse.
Mijn hond hoest.

Mein Hund hat einen Hitzschlag.
My dog has a heat-stroke.
Mon chien a une insolation.
Mi perro tiene una insolacion.
Il mio cane ha un colpo di calore.
Mijn hond heeft een Hittetoeval.

Mein Hund hat Lähmungen, Krämpfe.
My dog has symptoms of paralysis, cramps.
Mon chien est paralysé, il a des spasmes.
Mi perro tiene paralysis, espasmos.
Il mio cane ha paralisi, crampi.
Mijn hond heeft verlammingen, krampen.

Ich glaube, mein Hund hat etwas Giftiges gefressen.
I think my dog has eaten something poisonous.
Je crois que mon chien a mangé quelque chose d´empoisonné.
Creo que mi perro ha comido algo venenoso.
Io penso, che il mio cane ha mangiato qualche cosa velenoso.
Ik denk dat mijn hond iets giftigs heeft gegeten.

Mein Hund ist verletzt/gestürzt/angefahren worden.
My dog is hurt/has fallen/has been hit by a car.
Mon chien est blessé/tombé/a été heurté par une voiture.
Mi perro está herido/se ha caido/ha sido atropellado.
Il mio cane e ferito/caduto /e stato investito.
Mijn hond is gewond/gevallen/aangereden.

**Mein Hund ist gestochen/gebissen worden von einem Insekt/
einer Schlange/einem Hund/ einer Katze**
My dog has been bitten by an insect/a snake/another dog/a cat.
Mon chien a été piqué/mordu par un insecte/un serpent/
un chien/un chat.
Mi perro ha sufrido una picadura/mordisco de un insecto/
de una serpiente de un perro/de un gato.
Il mio cane e stato punto/morso di un insetto/un serpente/
di un cane/di un gato.
Mijn hond is gestoken/gebeten door een insect/een slang/een hond/een kat

Wie oft/wie viel der Medizin muss gegeben werden?
How often/how much of the medicine should he/
she be given?
Combien de fois par jour dois-je lui donner ses
médicaments et combien?
Cuanta medicina/y cuando le devo de dar la medicina a mi perro?
Quanta medicina devo dare e quante volta?
Hoe vaak/hoeveel medicijn moet gegeven worden?

Nützliche Hunde-Vokabeln:

Hundenapf, Hundefutter
Dog bowl, dog food
Bol pour manger, nourriture pour chien
Comedero, comida para perros
Scodella, cibo per i cani
Hondebak, voerbak/hondevoer

Maulkorb, Halsband, Leine
Muzzle, collar, lead
Muselière, collier, laisse
Bozal, collar, correa
Museruola, collare, guinzaglio
Muilkorf/halsband/honderiem, -lijn

läufig
on heat
en chaleur
en celo
in calore
loops

Kot
Dog muck
Déjections / excréments
Heces
Sterco
Uitwerpselen

*Verständigungs-
probleme sind für
diese beiden kein
Thema*

ANHANG

Adressen:

Fremdenverkehrsbüros:

Andorra Touristik Delegation
Finsterwalderstr. 28,
13435 Berlin
Tel. 030/4154914,
www.turisme.ad

Belgisches Fremdenverkehrsamt
Cäcilienstr. 46,
50667 Köln
Tel. 0221/277590,
www.belgien-tourismus.net,
www.flandern.com

Botschaft Bosnien & Herzegowina
Ibsen Str. 14,
10439 Berlin
Tel. 030/81471210

Dänisches Fremdenverkehrsamt
Glockengießerwall 2,
20095 Hamburg
Tel. 040/32021-0,
www.visitdenmark.com

Deutsche Zentrale für Tourismus DZT
Beethovenstr. 69,
60325 Frankfurt/Main
Tel. 069/97464-0,
www.germany-tourism.de

Finnische Zentrale für Tourismus
Lessingstr. 5,
60325 Frankfurt/Main
Tel. 069/50070157,
www.finland-tourism.com

Französisches
Fremdenverkehrsamt
Maison de la France
Westendstraße 47,
60325 Frankfurt/Main
Tel. 0190/570025,
www.franceguide.com

Griechische Zentrale für
Fremdenverkehr
Neue Mainzer Str. 22,
60311 Frankfurt/Main
Tel. 069/236561-63

British Tourist Authority
Westendstraße 16-22,
60325 Frankfurt/Main
Tel. 069/97112-3,
www.visitbritain.com/de

Irische Fremdenverkehrszentrale
Untermainanlage 7,
60329 Frankfurt/Main
Tel. 069/92318550,
www.irland-urlaub.de

Staatliches italienisches
Fremdenverkehrsamt ENIT
Kaiserstraße 65,
60329 Frankfurt/Main
Tel. 069/237430,
www.enit.it/de

Botschaft der Bundesrepublik
Jugoslawien
Taubert Str. 18,
14193 Berlin
Tel. 030/8 957700

Kroatisches Zentrale für Tourismus
Kaiserstraße 23,
60311 Frankfurt/Main
Tel. 069/252045,
www.croatia.hr

Liechtenstein Tourismus
Postfach 139,
FL - 9490 Vaduz
Tel. +423/2396300,
www.tourismus.li

Luxemburgisches
Fremdenverkehrsbüro
Bismarckstr. 23-27,
41061 Mönchengladbach
Tel. 02161/208888,
www.ont.lu

Monaco-Informations-Zentrum
Königsallee 27-31,
40212 Düsseldorf
Tel. 0211/3237843/4/5,
www.monaco-congres.com

Niederländisches Büro
für Tourismus
Postfach 27 05 80,
50511 Köln
Tel. 01805/343322,
www.niederlande.de

Norwegisches Fremdenverkehrsamt
Postfach 11 33 17,
20433 Hamburg
Tel. 0180/5001548,
www.visitnorway.com

Österreich Information
Postfach 70 15 80,
81315 München
Tel. 089/66670100,
www.austria-tourism.at

Polnisches Fremdenverkehrsbüro
Marburger Str. 1,
10789 Berlin
Tel. 030/210092-0,
www.polen-info.de

Portugiesisches Touristik- und
Handelsbüro ICEP
Schäfergasse 17,
60313 Frankfurt/Main
Tel. 069/290549,
www.icep.de

Schweden-Werbung für Reisen und
Touristik
Lilienstraße 19,
20095 Hamburg
Tel. 00800/30803080,
www.schweden-urlaub.de

Schweiz Tourismus
Call center Tel. 00800/10020030,
www.myswitzerland.com

Botschaft der Slowakischen
Republik
Pariser Str. 44,
10707 Berlin
Tel. 030/88926-20,
www.botschaft-slowakei.de

Slowenisches Fremdenverkehrsamt
Maximiliansplatz 12 a,
80333 München
Tel. 089/29161202,
www.slovenia-tourism.si

Spanisches Fremdenverkehrsamt
Myliusstraße 14,
60323 Frankfurt/Main
Tel. 069/725033 o. 38,
www.tourspain.es

Tschechische Zentrale für Tourismus
Karl-Liebknecht-Str. 34,
10178 Berlin,
Tel. 030/2044770,
www.czech-tourist.de

Türkisches Generalkonsulat
Informations- und Tourismusabteilung
Tauentzienstr. 7,
10789 Berlin
Tel. 030/2143752,
www.tuerkei-ferien.de

Ungarisches Fremdenverkehrsamt
Karl-Liebknecht-Straße 34,
10178 Berlin
Tel. 030/243146-0,
www.hungarytourism.hu

Reisebüros/-agenturen mit speziellen »Hundeangeboten«:

Novasol
Gotenstr. 11,
20097 Hamburg
Tel. 040/238859-82,
www.novasol.de

Per Immagini & Emozioni
Via Frà Domenico Buonvicini,2r,
I-50132 Firenze
Tel. +39-055/5048445 o.
0800-1822726,
www.perilmondo.it

Flughund Reisen
Regine Winter,
Gutenbergstraße 1,
70771 Leinfelden-Echterdingen
Tel. 0711/7944455,
www.flughund.de

Dog & Holiday
In der Schlade 17,
51467 Bergisch-Gladbach
Tel. 02202/249714,
www.dogandholiday.de

TRAVELDOG.de
Carsten Ripper
Wehrstr. 30,
69488 Birkenau
Tel. 0700/73473943 o. +49-62094089,
www.traveldog.de

Hund und Reisen
Bussardweg 9,
45478 Mülheim an der Ruhr
Tel. 0208/59424-10,
www.hundundreisen.de

www.ferien-mit-hund.de
über IPS internet promotion service,
Tel. 07153/614040

www.hundeurlaub.de/
www.hund-auf-reisen.de

Bücher/Verzeichnisse hundefreundlicher Unterkünfte:

»pet-friendly places to stay 2002«,
über 1500 tierfreundliche Hotels auf den
britischen Inseln,
18,- € zu beziehen über:
Britain Direct GmbH
Ruhbergstrasse 8,
D-69242 Mühlhausen
Tel. 06222/67805-0,
www.britaindirect.com

»Hotelführer für Zwei- und Vierbeiner
2001. Deutschland«
Tierfreundliche Hotels,

Ferienwohnungen und Pensionen in
Deutschland, Maria Keck,
ISBN 3-9805401-5-4,
159 S., broschiert, 9,80 €;

»Hotelführer für Zwei- und Vierbeiner.
Ausgabe Österreich, Schweiz, Südtirol«
Tierfreundliche Hotels,
Ferienwohnungen und Pensionen,
Ausgabe 2002, Maria Keck,
ISBN 3-9805401-6-2,
160 S., broschiert, 9,80 €
(siehe auch Keck Verlag,
Tel. 06027/1681,
www.tierfreundliche-hotels.de)

»Hier sind wir willkommen.
Hotelführer für Hundehalter«
Ausgabe Deutschland 2001,
160 Seiten, 9,20 €
Ausgabe Österreich/Schweiz 2000,
105 Seiten, 7,55 €
B. Frauendorf, (Ausgaben Skandinavien
und Holland/Belgien sind in Planung),
zu beziehen über:
Verlag dogtravelexpert,
Holtkampstr. 10 e,
D-32257 Bünde
Tel. 05223/15626,
www.dogtravelexpert.de

Giftinformationszentren (z.B.):

Gemeinsames Giftinformationszentrum
der Länder Mecklenburg-Vorpommern,
Sachsen, Sachsen-Anhalt und Thüringen
Nordhäuser Str. 74,
99089 Erfurt
Tel. +49(0) 361/730730

Beratungsstelle bei Vergiftungen
II. Medizinische Klinik und Poliklinik
der Universität Mainz
Langenbeckstr. 1,
55131 Mainz
Tel. +49(0) 6131/19240 u. 232466

Haustierregister/Hilfe bei entlaufenem Hund

Deutschland
Tasso e.V. Haustierzentralregister
Frankfurter Str. 20,
D-65795 Hattersheim
Tel. +49(0) 6190-932214,
u. +49 700-TIERNOTRUF,
Fax +49(0) 6190-5967,
www.tiernotruf.org

Das Deutsche Haustierregister ®
Deutscher Tierschutzbund e.V.
Baumschulallee 15,
D-53115 Bonn
Tel. 01805/231414,
Fax +49-228-60 496 42,
www.deutscher-tierschutzbund.de

Internationale Zentrale Tierregistrierung
(IFTA)
Weiherstraße 8,
D-88145 Maria Thann
Tel. 0180/521340-2,
Fax 0180/521340-3
+800/ 843773447837 free call D,
+49 8385 9212 0 free call europe
www.tierregistrierung.de,
www.globalanid.com

LUPO-Tiersuchregister
Deutsches Tierhilfswerk e.V.
Bürgermeister-Haide-Str.38,

86473 Ziemetshausen
Tel. 01805/843744,
Fax 08284/9986-20,
www.tierhilfswerk.de

Österreich
Animal Control System ACS-R.Lugstein
Haustierzentralregister für Österreich
Rosittengasse 34,
A-5020 Salzburg,
Tel. +43 662/833575,
Fax +43 662/826437,
www.animalcontrol.at

Animaldata.com
International animal identification
database des VÖK
Rupertgasse 4,
A-5020 Salzburg
Tel. +43 664/1512995,
Fax +43 2732/78896,
www.animaldata.com

Internationale Zentrale Tierregistrierung
Rathausstr.19,
A-5900 Bregenz
Tel. +43(0) 5574/53153-0,
Fax +43(0) 5574/53153-24

Schweiz:
Anis - Animal Identity Service AG
Rosenweg 40,
CH-3007 Bern
Tel. +41 313/713530,
Fax +41 313/713539,
www.anis.ch

Belgien:
ID chips vzw-asbl
Tel. +32 (0)702/33147,
Fax +32 (0)702/33181,
info@idchips.com
www.idchips.com

Luxemburg:
LAK c/o ID Chips,
Tel. +35 226/196219,
Fax +35 226/196220

Niederlande:
- Vetair foundation,
Tel. +31 (0)40 286 94 92,
www.vetair.org
- Stichting BREIN,
Tel. +31 204 106 005,
Fax +31 206 101 289,
www.brein.net
- NDG Stichting Databank
Gezelschapsdieren Nederland,
Tel. +31 900 4040456,
www.databankgezelschapsdieren.nl

Norwegen:
Dyreidentitet as, c/o The Norwegian
Veterinary Association
Tel. +47 22994600, +47 22300100,
Fax +47 229946 01,
www.dyreidentitet.no

Dänemark:
Danish Dog Register
Tel. +45 70 277 477,
Fax +45 39 20 39 38,
www.hunderegister.dk

Großbritannien:
The Kennel Club - PetLog,
www.petlog.org.uk,
Tel. +44 (0) 870 6066751,
Fax +44 (0) 1296 486718

REIAC, spanish network of companion
animal identification :
Spain AIAC - Identification Archive of
Companion Animal - Cataluña
Tel. +34 93 4189294
Spain RIVIA - Valencian Computer

File of Animal Identification
Tel. +34 902151640
Spain Companion Animal Identification
Database of the Government of Navarra,
Tel. +34 948 220072,
www.cfnavarra.es/WEBGN/SOU/SER-VICIO/AV/default.htm
Spain RIAC - Companion Animal
Identification Network - Madrid
Tel. +34 91 5645459
Spain RAIA - Andalusian Record of
Animal Identification
Tel. +34-95-4410358, www.raia.org,
Identification Database of the Basque
country network
www.nekanet.net/censocanino

Italien:
Associazione Propietari animali
identificati,
Tel. +39-2/96451170,
Fax +39-2/9655295,
www.assibit.it/animalsecurity

Polen:
Biuro Identyfikacji i Rejestracji,
www.identyfikacja.pl
Tel. +48 58 302 6978,
Fax +48 58 302 6978

European Pet Network
Avenue GD Charlotte 59,
L-9515 Wiltz
Call center in Brüssel
Tel. +32 (0)70233147,
Fax +32 (0)70233181,
www.europetnet.com
Mitglieder: animaldata.com, ID chips,
ANIS, IFTA, Dansk Hunderegister,
REIAC Spanish network of animal iden-
tification, Petlog the kennel club, LAK,
NDG, BREIN, VETAIR, Dyreidentitet,
Biuro Identyfikacji i Rejestracji

Global animal identification,
www.globalanid.com
Zusammenarbeit u.a. zwischen: IFTA in
D und AUT, ANIS, Associazione
Propietari animali identificati

Versicherungen

AGILA Haustier-Krankenversich. AG
Breite Straße 6 - 8,
30159 Hannover
Tel. 0511/3032-345,
www.agila.de

Uelzener Versicherungen
Postfach 21 63,
29511 Uelzen
Tel. 0581/8070-0,
www.uelzener.de

Ärzteflugambulanz
Albertgasse 1A,
A-1080 Wien
Tel. +43 (0)1/40 456,
www.oafa.com

Sonstige Reiseinformations-quellen/Literatur

- Serviceseiten, Reiseberichte der
Hundemagazine:
z.B. Der Hund, Partner Hund, Hunde
Revue, Mein Hund, Hundewelt, Ein
Herz für Tiere, Das Deutsche Hunde-
magazin, Wuff.
- Urlaubs-Beratungstelefon des
Deutschen Tierschutzbund e.V.,
von Anfang Mai bis Mitte September
Mo.-Fr. 10.00 bis 18.00 Uhr,
+49 (0) 228 60 49 6

- ADAC-Mitglieder können unter der Nummer 01805/101112 oder unter www.adac.de nicht nur allgemeine Autoreiseinformationen, sondern auch die aktuellen Einreisebestimmungen für Haustiere abrufen.
- Auch das Internet kann helfen, ist man auf der Suche nach bestimmten Aspekten des Hundeurlaubs (Hundestrände, hunde-freundliche Unterkünfte, ...).

Bogitzky A:
Grundkurs Erste Hilfe für den Hund
2000, ISBN 3-8001-7473-1,111 Seiten, Verlag E. Ulmer, 12,90 €

Brünger C:
Der Berg ruft. Hochalpiner Bergwander-führer für Hund und Halter
2. Aufl. 1996, ISBN 3980519104, 128 Seiten, Pro Hund Verlag, 14,57 €

Trahms K.:
Maulkorbzwang und Leinenpflicht. Ein Rechtsratgeber für Hundehalter
2001, ISBN 3-8001-3552-3, 190 Seiten, Verlag E. Ulmer, 9,90 €

Bezugsquellen für Reisezubehör

Sonnenbrille
dog-goes, www.dog-goes.com:
Reinhold-Optik
R. Kreyca
Kaiser Franz-Platz 1
A-5630 Bad Hofgastein
Tel. +43 (0) 6434 79 64 oder
S. Wilsch-Herold & Ch. Blank
Harthauser Str. 15,
D-81545 München
Tel. +49 (0) 089 64257807

Schwimmweste
Compass® Yachtzubehör
Handels GmbH & Co. KG,
59385 Ascheberg
Tel. 0180/535 38 39,
www.compass24.de

Erste-Hilfe-Koffer
Infos unter
Dr. A. Bogitzky
Tel. 02238/949896,
www.hundgesund.de

Sicherheitsgurt
Infos z.B. unter
HUNTER Hunde- und Reitsportartikel GmbH
Marktstr. 37,
33813 Oerlinghausen
Tel. 05202/9106-0,
www.hunter.de

Überlaufsicherer Wassernapf
Schulze Heimtierbedarf GmbH
Findelsgrund 46,
32457 Porta Westfalica
Tel. 0571/7989711/12,
www.schulze-heimtierbedarf.de

Sonstiges Reisezubehör gibt es im guten Fachhandel oder auch bei Ihrem Tierarzt.

Danksagung

Hält man erst einmal das fertige Buch in den Händen, so sind all die Mühen und Frustrationen der Verlagssuche, Recher-che und Textbearbeitung schnell verges-sen. Nicht vergessen sollen hingegen alle werden, die mich bei diesem Buch unterstützt haben:

Allen voran Doris Zigann, die mich von Anfang an in dieser Buchidee bestärkte und mir überdies bei Bildauswahl und Textkorrektur den Rücken frei hielt.

Frau Rau und Herr Wolter vom Kynos-Verlag, die sich ohne großes Wenn und Aber dieses Projektes annahmen.

Hans-Gerd Zigann, der wie bei meinem ersten Buch schon dafür sorgte, dass die Computertechnik immer reibungslos funktionierte.

Thomas Rey, der trotz großen Zeitdrucks viele der Bildvorlagen noch in die rechte Form brachte und von dem ich in dieser Sparte eine Menge lernen durfte.

Dr. Torsten J. Naucke, der mich mit reichlich Information und eindrucksvollen Fotos zum Thema Leishmaniose versorgte.

Die Firmen Pfizer Deutschland GmbH (Dr. A. Schmid), Baxter Deutschland GmbH, HUNTER GmbH (Frau Trautwein), die Interessengemeinschaft Deutscher Hundehalter e.V. (Herr Neumann) und das WHO collaborating centre for rabies surveillance & research (Dr. Müller), die mit ihren Bildvorlagen bei der Illustration des Buches halfen.

Und last but not least in alphabetischer Reihenfolge alle, die auf die eine oder andere Art zu diesem Buch beigetragen haben: Anja Baltes, Jan, Kim und Michael Bogitzky, Birgitt Degen, Patricia Esser, Familie Ferrand, Rolf Heine, Heike und Jürgen Mark, Very Moonen, Dr. Carlo Pingen, Sandro Piroddi, Marialuise Schiffer, Else Schreier, Hannelore Wilhelm-Krischke sowie Annemie und Gerhard Zigann.

Herzlichen Dank!

Literaturquellen *:

Bacellar F, Dawson JE, Silveira CA, Filipe AR: Antibodies against Rickettsiaceae in dogs of Setubal, Portugal
Cent Eur J Public Health 1995 May; 3 (2): 100-2

Barutzki D, Löscher TH, Schein E, Thiel HJ: Vektorübertragene Infektionskrankheiten aus veterinär- und humanmedizinischer Sicht. Aktueller Status zum Tollwutschutz in Skandinavien und Großbritannien
Proc. 3. Frankfurter Tierärztekongress Feb. 2001

Baumeister K, Hartmann K, Herrmann R, Müller W, Reiner B, Rieger M, Weissenböck H:
FSME und Borreliose beim Tier
Proc. Tagung im Tierhygienischen Institut Freiburg am 02.07.1997

Bernasconi MV, Valsangiacoma C, Balmelli T, Peter O, Piffaretti JC: Tick zoonoses in the southern part of switzerland (canton Ticino): occurrence of Borrelia burgdorferi sensu lato and Rickettsia sp.
Eur J Epidemiol 1997 Feb; 13(2): 209-15

BgvV, Lukassowitz I:
Vorsicht Zecke! - Der »Gemeine Holzbock« kann für Mensch und Tier gefährlich werden
Bgvv-Pressemitteilung 15/2001, 27.04.2001, www.bgvv.de

Breitschwerdt E.:
Ehrlichiosis: New Developments
Proc. WSAVA world congress
Vancouver 2001

Buonavoglia D, Sagazio P, Gravino EA ,
De Caprariis D, Cerundolo R,
Buonavoglia C:
Serological evidence of Ehrlichia canis
in dogs in southern Italy
New Microbiol 1995 Jan; 18 (1):83-6

Camacho AT, Pallas E, Gestal JJ,
Guitian FJ, Olmeda AS, Goethert HK,
Telford SR:
Infection of dogs in north-west Spain
with a babesia microti-like agent
Vet Rec 2001 Nov 3;149(18):552-5

Eggert A D, Hartmann K,
Heuwieser W, Schein E:
Pets on tour CD, vetmedia/intervet

Gaskell RM , Bennett M:
Infektionskrankheiten bei Hund und
Katze
Parey Buchverlag, Berlin, 1999

Glaser B, Gothe R:
Hundetourismus und -import: eine
Umfrage in Deutschland zu Ausmaß
sowie Spektrum und Präferenz der
Aufenthalts- bzw. Herkunftsländer
Tierärztl. Praxis, 1998:26 (K): 197-202

Glaser B, Gothe R:
Importierte arthropodenübertragene
Parasiten und parasitäre Arthropoden
beim Hund
Tierärztl. Praxis 1998; 26 (K): 40

Gothe R:
Ehrlichia-canis-Infektionen der Hunde in

Deutschland
Tierärztl. Praxis 1998 (K), 26, 396-401

Gothe R, Nolte I, Kraft W:
Leishmaniose des Hundes in
Deutschland: epidemiologische
Fallanalyse und Alternative zur bisheri-
gen kausalen Therapie
Tierärztl. Praxis 1997; 25:68-73

Gustafson R, Jaenson TG, Gardulf A,
Mejlon H, Svenungsson B:
Prevalence of Borrelia burgdorferi sensu
latu infection in Ixodes ricinus in swe-
den
Scand J Infect Dis 1995; 27(6): 597-601

Leschnik MW, Kirtz GC,
Thalhammer JG:
Tick born encephalitis (TBE) in dogs
Proc. VIth International Potsdam
Symposium on tick born diseases
(IPS-VI), April 2001

Liebisch G, Liebisch A :
Einheimische Zeckenborreliose
(Lyme-Krankheit) beim Tier
Sonderdruck aus
Horst H: Einheimische Zeckenborreliose
(Lyme-Krankheit) bei Mensch und Tier,
3. Aufl. 1997, Spitta Verlag, Balingen

Liebisch G, Liebisch A :
Zeckenbefall
in Handlexikon der tierärztlichen Praxis
Hrsg. Wiesner E, Juli 1996, G. Fischer
Verlag, Stuttgart/Jena

Löscher W, Ungemach FR, Kroker R:
Pharmakotherapie bei Haus- und
Nutztieren
4. Aufl. 1999, Parey Buchverlag Berlin

Montoya JA, Morales M, Ferrer O,
Molina JM, Corbera JA:
The Prevalence of Dirofilaria immitis in
Gran Canaria, Canary Islands, Spain
(1994-1996)
Vet Parasitol 1998 Feb 28; (2-3):221-6

Naucke TJ:
Leishmaniose - eine Tropenkrankheit in
Europa
Der Hund 7/2001

Naucke TJ: www.leishmaniose.de

Niemand HG, Suter PF:
Praktikum der Hundeklinik
9. Aufl. 2001, Paul Parey Buchverlag,
Berlin

Oehme R, Hartelt K, Moll S, Backe H,
Kimmig P:
Foci of tick born diseases in southwest
germany
Proc. VIth International Potsdam
Symposium on tick born diseases
(IPS-VI), April 2001

Olsson-Engvall E, Egenvall A.
Granulocytic Ehrlichiosis in Dogs and
Horses
Proc. VIth International Potsdam
Symposium on tick born diseases
(IPS-VI), April 2001

Poglayen G, Martini M, Bomben L,
Roda R:
An updating of the occurence of canine
heartworm disease in northern italy
Vet Res Commun 1996; 20(4):303-7

Pusterla N, Pusterla JB, Deplazes P,
Wolfensberger C, Muller W, Hörauf A,
Reusch C, Lutz H:
Seroprevalenz of Ehrlichia canis and of
canine granulocytic ehrlichia infection in
dogs in switzerland
J Clin Microbiol 1998 Dec;
36 (12): 3460-2

Rommel M, Eckert J, Kutzer E, Körting
W, Schnieder T:
Veterinärmedizinische Parasitologie
5. Aufl. 2000, Parey Buchverlag, Berlin

Stenzenberger R, Gothe R:
Arthropodenübertragene parasitäre
Infektionen und Zecken bei Hunden auf
Teneriffa
Tierärztl. Praxis 1999, 27 (K), 47-52

Stiftung Warentest
»Bissige Biester« - Mittel gegen Zecken
test 4/2001

Stiftung Warentest
»Der will nur spielen«- Tierhalter-
Haftpflichtversicherungen
finanztest 10/2001

Tipold A, Fatzer R, Holzmann H:
Zentraleuropäische Zeckenenzephalitis
beim Hund
Kleintierpraxis 1993, 619-628

Treß, Gunther
Reisen mit Hund in Europa, in
Mittelmeerländern und in Nordamerika.
4. Aufl. 2000, C. Stein Verlag, Kiel

WHO collaborating centre for rabies surveillance & research:
Rabies bulletin europe
www.who-rabies-bulletin.org

Zahler M
Zur Ökologie von Dermacentor reticula-

tus (Fabricius, 1794)
Vet. Diss, LMU München 1994

Zahler M, Loster F, Merkle C., Rinder
H, Gothe R :
Infektionsgefahr für Hunde in
Regensburg - ein neuer Naturherd von
Babesia canis und Dermacentor reticula-
tus in Deutschland
Tierärztl. Praxis 2000; 28(K): 395-398

* Wir bitten um Verständnis, dass an
dieser Stelle nicht alle Quellen genannt
werden konnten, dass man sich aus
Platzgründen vor allem auf die beschrän-
ken musste, auf die im Text besonders
Bezug genommen wurde.

Bildquellen

Dr. A. Bogitzky, Bergheim: Seite 10(1),
12(1), 14, 19, 26, 29, 31(2), 35(1), 38,
39, 40, 44, 46(3), 47, 48, 51(1), 53, 55,
57, 59, 60, 88(3), 89, 91(2), 93

D. Zigann, Bergheim: Seite 5, 9(2),
10(1), 11, 12(1), 25, 35(1), 42, 43(1), 49,
63, 87, 92(2), 94, 110

D. Zigann/Th. Rey: Titelbild, Vor- und
Nachsatz

Baxter Deutschland GmbH,
München/Heidelberg: Seite 66, 67, 68,
75, 77

Pfizer Deutschland GmbH, Karlsruhe:
Seite 73(2), 74, 80, 81

M. Schiffer, Kerpen: Seite 51, 54, 61,
62, Rückseite

Dr. T.J. Naucke, Niederkassel-Rheidt:
Seite 71, 83, 84

H. u. J. Mark, Viersen: Seite 34, 36

P. Esser, Hürth: Seite 56, 109

Interessengemeinschaft Deutscher
Hundehalter e.V., Hamburg: Seite 15, 16

Birgitt Degen, Frechen: Seite 43(1)

T. Rey, Pulheim: Seite 50

H. Wilhelm-Krischke, Hürth: Seite 21

G. Zigann, Mürlenbach: Seite 58

HUNTER GmbH, Oerlinghausen:
Seite 41

WHO collaborating centre for rabies surveillance & research, Tübingen: Seite 96